中华传统文化推荐读物

书声琅琅 国学诵读本

百家姓

主编 郎建 编 刘承沅
插图 张代华 审校 孙学夏

中国少年儿童新闻出版总社
中国少年儿童出版社
·北京·

图书在版编目（CIP）数据

百家姓 / 刘承沅编. -- 北京：中国少年儿童出版社，2014.1（2023.7重印）
（书声琅琅国学诵读系列 / 郎建主编）
ISBN 978-7-5148-1362-3

Ⅰ．①百… Ⅱ．①刘… Ⅲ．①古汉语－启蒙读物 Ⅳ．①H194.1

中国版本图书馆CIP数据核字(2013)第275775号

BAI JIA XING

出版发行： 中国少年儿童新闻出版总社
中国少年儿童出版社

出　版　人：孙　柱
执行出版人：赵恒峰

主　　编：郎　建	总 策 划：郎　建
责任编辑：贺泽红　秦伟霞	选题策划：何海容
美术编辑：谭　欣	责任印务：刘　颖

社　　址：北京市朝阳区建国门外大街丙12号　　邮政编码：100022
编辑部：010-57526443　　　　　　总编室：010-57526070
发行部：010-57526441　　　　　　官方网址：www.ccppg.cn
印刷：涿州中印印刷有限公司
开本：920mm×650mm　　1/16　　　　　　印张：10
2014年1月第1版　　　　　　　2023年7月河北第11次印刷
字数：100千字　　　　　　　　印数：100001～110000册
ISBN 978-7-5148-1362-3　　　　　　定价：19.80元

图书出版质量投诉电话010-57526069，电子邮箱：cbzlts@ccppg.com.cn

编者的话

"欲修大道者,应先修良知良能。"良知良能是指人天赋的道德观念,良知良能即是良心。王阳明说:"见父自然知孝,见兄自然知弟,见孺子入井自然知恻隐,此便是良知。"我们的传统文化中就包含着这些哲理,通过学习传统文化,建立起自己内在的规范、独特的思想、行动的准则,能在自觉自信下做一个堂堂正正的人。

青少年阶段正是世界观、人生观和价值观初步形成的时期,正确的引导显得尤为重要。这个阶段的孩子求知欲强、记忆力好。这个时候,应该让他们把前人的一些经典作品记忆下来,做到烂熟于心,让他们在今后的人生道路上做到"厚积薄发""融会贯通"。这种从记忆,经体验,再到理解、内化的教育模式,是简单、科学、高效的,也是我们应该继承和发扬的。

根据孩子这样的成长、认知特点,我们编辑出版了这套"书声琅琅"国学诵读系列图书。该套书主要的栏目有:诵原文、读注释、看译文、品故事、学知识。以原文大字注音,清朗简洁的排版方式，重点引导孩子诵背原文；合理地编选一些故事，再配上具有连环画风格的插图，让孩子能更好地理解原文。通过诵读和理解，让他们明白更多的做人做事道理，健全完善他们的人格。所有栏目的设置，秉持一个基本的原则：让孩子喜欢、爱读，让家长便于解说、引导。

这套书共8册，主要有传统的"蒙学"经典《三字经》《千字文》《百家姓》《弟子规》，儒家经典选编《论语》《大学·中庸》，还有流传甚广的《增广贤文》（选编）《声律启蒙·笠翁对韵》，都是能够让孩子朗朗上口的诵背读物。

有人说，孩子是一张白纸，在上面能够画出最美的图画。在互联网、移动互联网不断改变人们生活节奏的今天，让孩子从这些基础"国学"图书中汲取营养，让他们"亲近国学，健康成长"吧！

编　者

目 录

池乔阴郁	胥能苍双	088
闻莘党翟	谭贡劳逄	090
姬申扶堵	冉宰郦雍	092
郤璩桑桂	濮牛寿通	094
边扈燕冀	郏浦尚农	096
温别庄晏	柴瞿阎充	098
慕连茹习	宦艾鱼容	100
向古易慎	戈廖庾终	102
暨居衡步	都耿满弘	104
匡国文寇	广禄阙东	106
欧殳沃利	蔚越夔隆	108
师巩厍聂	晁勾敖融	110
冷訾辛阚	那简饶空	112
曾毋沙乜	养鞠须丰	114
巢关蒯相	查後荆红	116
游竺权逯	盖益桓公	118
万俟 司马	上官 欧阳	120
夏侯 诸葛	闻人 东方	122
赫连 皇甫	尉迟 公羊	123

澹台 公冶　宗政 濮阳 …………………… 124

淳于 单于　太叔 申屠 …………………… 125

公孙 仲孙　轩辕 令狐 …………………… 126

钟离 宇文　长孙 慕容 …………………… 128

鲜于 闾丘　司徒 司空 …………………… 129

亓官 司寇　仉督 子车 …………………… 130

颛孙 端木　巫马 公西 …………………… 132

漆雕 乐正　壤驷 公良 …………………… 133

拓跋 夹谷　宰父 谷梁 …………………… 134

晋楚 闫法　汝鄢 涂钦 …………………… 135

段干 百里　东郭 南门 …………………… 137

呼延 归海　羊舌 微生 …………………… 139

岳帅 缑亢　况后 有琴 …………………… 141

梁丘 左丘　东门 西门 …………………… 143

商牟 佘佴　伯赏 南宫 …………………… 145

墨哈 谯笪　年爱 阳佟 …………………… 146

第五 言福　百家姓终 …………………… 148

全文诵读

中国是世界历史上最早使用姓氏的国家。古老的"姓"与"氏"演变成今天中国的百家姓。期间经历了漫长的历史的过程。

一千多年来，我国关于姓氏的著作频出不断，经过历代学者的修订、补充，最终形成了我们今天所看到的《百家姓》。

《百家姓》主要有三个版本。现存的早最印刷本《百家姓》是在元朝时期出版的。它的版本并不完整。到了明朝，《百家姓》被最终收录完整，流传于世，受到了广大读者的热捧。在清朝后期，民间又出现了一本《增广百家姓》，它比明朝的版本多了六个姓氏，但流传不广。

如今我们手里拿到的这本《百家姓》，是以明朝版本为蓝本的。据学者判定，其成书于北宋年间，固押韵上口，易学易记。被用作儿童启蒙教材，与《三字经》《千字文》并称"三百千"，流传广泛，影响深远。故编者选择此版本进行校释介绍，望广大读者鉴定指正。

百家姓

赵钱孙李，周吴郑王。

冯陈褚卫，蒋沈韩杨。

朱秦尤许，何吕施张。

孔曹严华，金魏陶姜。

戚谢邹喻，柏水窦章。

云苏潘葛，奚范彭郎。

鲁韦昌马，苗凤花方。

俞任袁柳，酆鲍史唐。

费廉岑薛，雷贺倪汤。

滕殷罗毕，郝邬安常。

乐于时傅，皮卞齐康。

伍余元卜，顾孟平黄。
和穆萧尹，姚邵湛汪。
祁毛禹狄，米贝明臧。
计伏成戴，谈宋茅庞。
熊纪舒屈，项祝董梁。
杜阮蓝闵，席季麻强。
贾路娄危，江童颜郭。
梅盛林刁，锺徐邱骆。
高夏蔡田，樊胡凌霍。
虞万支柯，昝管卢莫。
经房裘缪，干解应宗。
丁宣贲邓，郁单杭洪。

包诸左石，崔吉钮龚。
程嵇邢滑，裴陆荣翁。
荀羊於惠，甄曲家封。
芮羿储靳，汲邴糜松。
井段富巫，乌焦巴弓。
牧隗山谷，车侯宓蓬。
全郗班仰，秋仲伊宫。
宁仇栾暴，甘钭厉戎。
祖武符刘，景詹束龙。
叶幸司韶，郜黎蓟薄。
印宿白怀，蒲邰从鄂。
索咸籍赖，卓蔺屠蒙。

池乔阴郁，胥能苍双。
闻莘党翟，谭贡劳逄。
姬申扶堵，冉宰郦雍。
郤璩桑桂，濮牛寿通。
边扈燕冀，郏浦尚农。
温别庄晏，柴瞿阎充。
慕连茹习，宦艾鱼容。
向古易慎，戈廖庾终。
暨居衡步，都耿满弘。
匡国文寇，广禄阙东。
欧殳沃利，蔚越夔隆。
师巩厍聂，晁勾敖融。

冷訾辛闞，那简饶空。
曾毋沙乜，养鞠须丰。
巢关蒯相，查后荆红。
游竺权逯，盖益桓公。
万俟司马，上官欧阳。
夏侯诸葛，闻人东方。
赫连皇甫，尉迟公羊。
澹台公冶，宗政濮阳。
淳于单于，太叔申屠。
公孙仲孙，轩辕令狐。
钟离宇文，长孙慕容。
鲜于闾丘，司徒司空。

| qí guān sī kòu | zhǎng dū zǐ jū |
| 亓官 司寇， | 仉督 子车。 |

zhuān sūn duān mù　　wū mǎ gōng xī
颛孙 端木，　　　　　巫马 公西。

qī diāo yuè zhèng　　rǎng sì gōng liáng
漆雕 乐正，　　　　壤驷 公良。

tuò bá jiá gǔ　　zǎi fǔ gǔ liáng
拓跋 夹谷，　　宰父 谷梁。

jìn chǔ yán fǎ　　rǔ yān tú qīn
晋楚 闫法，　　汝鄢 涂钦。

duàn gān bǎi lǐ　　dōng guō nán mén
段干 百里，　　东郭 南门。

hū yán guī hǎi　　yáng shé wēi shēng
呼延 归海，　　羊舌 微生。

yuè shuài gōu kàng　　kuàng hòu yǒu qín
岳帅 缑亢，　　况后 有琴。

liáng qiū zuǒ qiū　　dōng mén xī mén
梁丘 左丘，　　东门 西门。

shāng móu shé nài　　bó shǎng nán gōng
商牟 佘佴，　　伯赏 南宫。

mò hǎ qiáo dá　　nián ài yáng tóng
墨哈 谯笪，　　年爱 阳佟。

dì wǔ yán fú　　bǎi jiā xìng zhōng
第五 言福，　　百家 姓终。

分段精诵及详解

《百家姓》是我国古代广为流传的一种蒙学课本。它的流传，为我国姓氏文化的研究和传播做出了巨大贡献。

　　《百家姓》中共收录四百多个姓氏，以"赵"打头。据南宋学者王明清考证，《百家姓》中前几个姓氏的排列是有讲究的：赵是当时宋代国君的姓氏；其次的钱姓，是五代十国中吴越国王的姓氏，再次的孙姓，是吴越国王钱俶的正妃之姓，然后的李姓，是南唐国王的姓氏。

　　事实上，中国的姓氏文化源远流长，每一个姓都包含其独特、丰富的文化内涵，而且都有重要的历史名人出现，所以《百家姓》的排列并没有贫富贵贱大小之分，反而在音韵上的合辙压韵，铿锵上口成了其排列的重要线索。

　　常常诵读、背记《百家姓》，不仅能够使我们了解中国的姓氏文化，而且对中国传统知识的掌握大有裨益。

赵钱孙李，周吴郑王。

渊源

【赵】 造父给周穆王做马夫的时候，平定叛乱有功，周穆王把赵城赐给他，于是造父的后代都改姓氏为"赵"。赵姓名人：宋朝开国皇帝赵匡胤（yìn）、元代大书画家赵孟頫（fǔ）。

【钱】 彭祖的孙子彭孚，在西周时担任财政大臣，管理钱币，后来他的子孙便以"钱"作为姓氏。钱姓名人：吴越开国之主钱镠（liú）、著名科学家钱学森、著名文学家钱钟书。

【孙】 一说春秋时期卫武公的儿子惠孙，他的后代取"孙"字为姓；一说春秋时田完的后代被齐景公赐姓孙，说法不一。孙姓名人：春秋时期军事家孙武、近代民主革命家孙中山。

【李】 殷朝纣王时期，理氏后代在逃难时，摘水果李子充饥，从此以后便改姓为李。李姓名人：道家创始人李耳、战国名将李牧、唐朝开国皇帝李世民、大诗人李白。

【周】 周文王是周姓的鼻祖，周姓汉人的血缘可以追溯到黄帝轩辕氏。周姓是历史最悠久的汉族姓氏之一。周姓名人：三国名将周瑜、宋代哲学家周敦颐。

【吴】 周武王封太伯三代孙周章为诸侯，建立吴国。吴国后来被越王勾践灭掉，其后代以此为耻，所以改姓为吴。吴姓名人：战国政治家吴起、唐代画圣吴道子、《西游记》作者吴承恩。

【郑】 周宣王即位以后，把幼弟友封在郑地，即郑桓公。后来郑桓公的子孙以国名为姓，从此有了郑姓。郑氏名人：明代航海家郑和、清代民族英雄郑成功、大才子郑板桥。

【王】 王姓的来源甚广，但最主要的是商周时期的王族，他们的后代很多改姓为王。王姓是当今中国人数最多的姓氏。王姓名人：四大美女之一王昭君、书圣王羲之、唐代诗人王勃、王维等。

故事

三槐王氏

根据《周礼》，大臣们拜见皇上前，先要在大殿前等候。在三棵槐树下站的依次是三公：太师、太傅、太保，两排的树下站的则是九卿。

北宋的时候，有个叫王祐的人在自家的院子种了三棵槐树，他的用意是希望自己的子孙能够出将入相，位登三公。他的邻居看见了，就嘲笑他说："三槐是三公站立的地方，你们家有三公吗？"王祐生气地回答："将来我的子孙一定有人能成为三公。"

转眼十几年过去了，他的儿子王旦长大成人，品德高尚、学识渊博，果然当上了宰相，进封太保，实现了王祐的三公梦。王祐的子孙繁衍众多，显赫光荣，成为宋代的一大望族。

如今王氏子孙散布海内外，王氏族人为了纪念王祐，就以"三槐堂"作为他旧居的名称。

féng chén chǔ wèi, jiǎng shěn hán yáng
冯陈褚卫，蒋沈韩杨。

百家姓

渊源

【冯】夏朝时，河洛地区有一位首领冯夷，建立了冯夷国，后来，冯夷国被周武王所灭，后人便以"冯"作为姓氏。冯姓名人：明朝文学家冯梦龙、近代哲学家冯友兰。

【陈】陈姓是妫姓的改姓，舜的后裔胡公满因封于陈而被称为陈胡公，所建国也称为陈国，他的后代便以国名为姓。陈姓名人：农民起义领袖陈胜、《三国志》作者陈寿、唐代文学家陈子昂。

【褚】春秋时很多诸侯都下设"褚师"的官职，当时诸侯之一宋共公任命儿子为"褚师"，从此他的后代便以褚为姓了。褚姓名人：唐初书法家褚遂良、清代书画家褚逢椿等。

【卫】一说出自姬姓，来源于周文王的第九子康叔之后，以封地国名"卫"为氏；一说出自中国古代少数民族鲜卑族。卫姓名人：西汉名将卫青、西晋书法家卫瓘、卫恒等。

【蒋】周朝周公旦第三子姬伯龄被封在蒋邑，后来被楚国所灭，他的后代便改姓蒋。另有一说出自少数民族姓氏。蒋姓名人：东汉大将军蒋横、三国时蜀汉大将蒋琬、南宋著名词人蒋捷。

【沈】周文王第十子季载，因平叛有功，被封于沈国。春秋时，沈国被蔡国所灭，其后子孙便以原国名为姓，称沈氏。沈姓名人：《梦溪笔谈》作者沈括、现代作家沈从文。

【韩】周公旦分封周成王的弟弟于韩国。春秋时期，韩国被晋国所灭。亡国之后，国人便以韩为姓。韩姓名人：战国思想家韩非、西汉大将军韩信、唐代文学家韩愈。

【杨】杨姓源于姬姓，西周末年，周宣王小子尚父被封于杨地为侯，春秋时杨地被晋国吞并，杨侯的后人便以国名为姓。杨姓名人：隋文帝杨坚、四大美女之一杨玉环。

故事

沈万三与聚宝盆

传说在明朝初年，有一个叫沈万三的人。有一次，他在街上看到有人捕了几百只青蛙，准备把它们杀死吃掉。沈万三不忍心见到这些青蛙被杀，于是就把这些青蛙全买了下来，放生到了池塘里。

后来有一天，沈万三再次经过这个池塘边，看见一大堆的青蛙，围着圆圈，站在一个瓦盆上面呱呱叫，好像在说："沈万三啊沈万三，瓦盆请你带回家！"沈万三很好奇，就把这个瓦盆拿回了家。

有一次他用瓦盆洗手，手上的戒指掉了下来，直到第二天早上才发觉，于是赶忙去瓦盆里找戒指。这时，他突然发现整个瓦盆里面堆满戒指。沈万三非常惊奇，就用金子放在瓦盆里面试试看，结果整个瓦盆里又生满金子！

原来这个瓦盆就是所谓的聚宝盆啊！从此以后沈万三非常富有，没有人能够比得上他。

朱秦尤许，何吕施张。

渊源

【朱】颛顼的玄孙陆终第五子名安，大禹赐他为曹姓。周武王封安的后裔曹挟在邾，后被楚国所灭，邾国贵族便去掉邾偏旁为朱姓。朱姓名人：南宋思想家朱熹、明朝皇帝朱元璋。

【秦】一说源于嬴姓，周朝伯益后裔非子的封地秦国，以国名为氏。一说源于姬姓，周文王后代伯禽裔孙的封地秦邑，以邑名为氏。秦姓名人：北宋词人秦观、明代女将秦良玉。

【尤】五代时，王审知在福建称闽王，闽人沈氏避讳同音，去掉三点水，改姓"尤"。尤姓名人：宋代诗人尤袤、清代诗人尤侗。

【许】周武王将伯夷后人文叔封于许国，战国时，许国被楚所灭。许国亡国后，子孙以国名为氏，称许氏。许姓名人：《说文解字》作者许慎、三国名将许褚。

【何】战国时，韩国被秦所灭，子孙逃往江淮一带的，改变"韩"姓为"何"姓。韩厥是韩姓始祖，所以也是何姓始祖。何姓名人：汉代大将军何进、近代女画家何香凝。

【吕】传说上古炎帝姓姜，姜姓有一支胞族在夏时建立吕国，春秋时，被楚所灭，子孙便以国名为姓，称吕氏。吕姓名人：战国名相吕不韦、东汉末年名将吕布、三国时东吴名将吕蒙。

【施】殷商时期，施氏为七族之一，施氏为制旗帜的工匠。施姓名人：孔门弟子施子常、《水浒传》作者施耐庵、清代名将施琅。

【张】黄帝时期的挥，是重要武器弓箭的发明者，第一个造出弓矢，子孙便被赐姓张氏。张姓名人：汉代外交家张骞、医圣张仲景、明代宰相张居正。

故事

张良孺子可教

秦朝末年，年轻的张良在一座桥上散步，遇见一个穿粗布大褂的老人。

老人故意把鞋子脱下来扔到了桥下，然后对他说："小伙子，你去替我把鞋子捡起来！"张良很惊讶，但还是到桥下把鞋子捡了上来。老人笑道："孺子可教！五天后的早上到桥上来见我。"

第五天早上，张良赶到桥上。老人已先到了，他生气地说："怎么迟到了呢？再过五天，早些来见我！"又过了五天，张良早早就赶到了桥上，这时老人才缓缓到来，笑着拿出一本书，说："小伙子，只要你把这本书钻研透了，将来必会有大成就！"

原来，这位老人就是有名的黄石老人，他听说张良是个人才，便故意试探张良，而那本书，就是失传已久的《太公兵法》。

张良用心学习，多年以后帮助刘邦建立了汉朝。

kǒng cáo yán huà　jīn wèi táo jiāng
孔曹严华，金魏陶姜。

渊源

【孔】商朝君王成汤，姓子，名天乙。其后代的一支便将"子""乙"合在一起为"孔"，从此就有了孔姓。孔姓名人：春秋大教育家大思想家孔子、建安七子之一孔融、清代戏剧家孔尚任。

【曹】周朝时，周武王封弟弟叔振铎于曹地，后来曹被宋所灭，国人以"曹"为姓。曹姓名人：春秋时鲁国名将曹刿、三国时军事家曹操、《红楼梦》作者曹雪芹。

【严】严姓出自庄姓，东汉时为避讳汉明帝刘庄，庄姓改严姓。严姓名人：宋代文学理论家严羽、清代启蒙思想家严复。

【华】春秋时宋戴公的孙子，华督杀死宋殇公，迎立公子冯为宋庄公，自任为相。后华督自立为华姓，后世子孙遂称华姓。华姓名人：东汉医学家华佗、三国时魏大臣华歆。

【金】金姓是"少昊金天氏之后"。少昊是古代东夷族首领，以金德为王，故号金天氏。少昊子孙中的一族简化称为"金氏"。金姓名人：明末清初文学批评家金圣叹、扬州八怪之一金农。

【魏】周朝时，毕万被赐魏地为邑，其后子孙以邑为氏，称为魏氏。又春秋时魏国被秦所灭，亡国的魏国王族以国名为氏，史称魏姓正宗。魏姓名人：三国时蜀国名将魏延、唐代名臣魏征。

【陶】尧帝又称为陶唐氏，他的子孙其中一支便以陶为姓。陶姓名人：东晋大诗人陶渊明、明代书画家陶成、近代教育家陶行知。

【姜】姜姓是炎帝的后代，因炎帝的出生地而得姓，为中国最古老的姓氏之一。姜姓名人：周朝政治家姜子牙、三国时蜀将姜维、南宋著名词人姜夔（kuí）。

> 故事

姜太公钓鱼

相传姜子牙受上天的命令,到凡间帮助文王统一江山。但是姜子牙觉得自己,跟文王没有交情,不便登门,于是便在文王必经之地的小河边,坐下来钓鱼等他。

姜子牙的钓竿很奇怪,他用木棍当鱼竿,用细针当鱼钩,也不用鱼饵,一边钓一边说:"太公钓鱼,愿者上钩!"一个叫武吉的樵夫,看到姜子牙的直鱼钩,嘲讽道:"像你这样钓鱼,别说一天,就是一百年,也钓不到一条鱼。"

姜子牙说:"你只知其一,不知其二。我的鱼钩不是为了钓鱼,而是要钓王与侯。"

后来,他果然钓到了周文王姬昌。姬昌为讨伐纣王,急需人才,当他得知姜子牙时,立即沐浴更衣,前往小河边聘用他为国相。

果然,在姜子牙的辅佐下,周文王建立了周朝。

qī xiè zōu yù   bǎi shuǐ dòu zhāng
戚谢邹喻，柏水窦章。

渊源

【戚】戚姓出自姬姓，为春秋时卫国大夫孙林父之后，以封邑名"戚"为氏。戚姓名人：汉初大将戚鳃、抗倭英雄戚继光、清代书法家戚著。

【谢】周朝时，周宣王封其舅父申伯于谢国，后来他后代的一支便以"谢"为姓。谢姓名人：东晋宰相谢安，南朝诗人谢灵运。

【邹】黄帝在打败蚩尤以后，迁其遗民到邹屠，其子民根据地名命姓为邹屠氏，后简为邹氏。邹姓名人：战国阴阳家邹衍、战国时齐国名臣邹忌、宋代宰相邹应龙。

【喻】喻姓源于谕姓，西汉苍梧太守谕猛改谕为喻，后来，他的后代全部改为喻姓。喻姓名人：明代画家喻希连、清代医学家喻昌。

【柏】古舜帝时，有个贤人叫伯益，也称柏翳，舜帝赐姓嬴，自此柏翳便有了两个姓属，即柏姓和嬴姓，他的后代子孙也形成了两支，其中一支为柏姓。柏姓名人：唐代名将柏良器、清代画家柏立本。

【水】大禹治水后，留下一个庶孙居住在会稽，他们这一支便以水为姓，称为水氏。水姓名人：明代礼部侍郎水佳胤。

【窦】夏朝时，相的后妃从窦（洞穴地名）逃难而出，生下少康。少康后来继位，就让自己的两个小儿子姓窦。窦姓名人：汉代名相窦婴、隋末农民起义军领袖窦建德。

【章】春秋时，鄣国被齐国灭掉，鄣国的后人以国名"鄣"为氏，但因认为国家已不存在，去掉了偏旁"阝"，成为今天的章姓。章姓名人：秦朝将领章邯、近代民主革命家章炳麟。

故事

抗倭将领戚继光

明世宗的时候，有一批日本海盗经常在我国东南沿海一带骚扰，历史上把他们叫作"倭寇"。于是，朝廷就派戚继光去抵抗倭寇。

戚继光到了那里，发现军队的纪律松散，根本不能打仗，就决心招募新军。他一发出招兵令，马上有一批吃够倭寇苦的农民、矿工自愿参军。

戚继光是个精通兵法的将领，经过他的严格训练，这支新军的战斗力特别强，"戚家军"的名气就在远近传开了。

倭寇在哪里骚扰，他们就打到哪里。那些海盗根本不是戚家军的对手，交锋了九次，戚家军每一次都取得胜利。最后，倭寇被迫逃到了海船上，戚继光又用大炮轰击。倭寇的船起了火，大批倭寇被烧死或掉到海里淹死，留在岸上的也只得乖乖投降。

就这样，横行几十年的倭寇被基本肃清了。

云苏潘葛，奚范彭郎。

渊源

【云】云姓出自妘姓，妘氏后人的一支，省去女旁而为云姓。云姓名人：隋朝大将军云定兴、清代学者云于熙。

【苏】颛顼帝的后裔司寇公，周朝时受封于苏，建立苏国，后来苏国灭亡，其后代子孙便称为苏氏。苏姓名人：战国纵横家苏秦、唐代宰相苏味道、宋代文豪苏轼。

【潘】周文王的裔孙伯季之后，有封地"潘"，他的后人便以邑名为氏，称为潘氏。潘姓名人：三国时吴将潘璋、晋朝文学家潘岳、宋初名士潘阆。

【葛】远古时有部落名葛天氏（今河南省长葛一带），其部落子孙后代称为葛姓。葛姓名人：东晋医学家葛洪、明代太医葛林、清末将领葛云飞。

【奚】夏代时，黄帝的后裔奚仲迁都多次，他的后代便以"奚"作为自己的姓氏，称为奚氏。奚姓名人：徽墨的创始人奚超、清代诗画家奚涛。

【范】尧的子孙隰叔，在晋国被任命为士师，并改姓为士。后来他的曾孙士会，封地在"范"，自此，士会的子孙以邑名为氏，改姓为范。范姓名人：春秋政治家范蠡、北宋政治家范仲淹。

【彭】颛顼玄孙陆终第三子姓篯名铿，受封于彭地，建立大彭国，称为彭祖。其子孙以国名为姓，称为彭氏。彭姓名人：兴汉功臣彭越、南宋文学家彭龟年。

【郎】春秋时鲁懿公的孙子费伯，建立了郎城，他的子孙后代称为郎氏。郎姓名人：唐代诗人郎士元、清代郎窑创始者郎廷极。

品 故事

苏轼吟诗赴宴

苏轼二十岁的时候，到京师去考试。有六个举人想要戏弄一下苏轼，于是备好酒菜请苏轼赴宴。苏轼欣然前往，可正要吃的时候，一个人提议说行酒令，酒令必须要引用历史人物和事件，才能独吃一盘菜。

第一个人说："姜子牙渭水钓鱼！"说完捧走了一盘鱼。"秦叔宝长安卖马"，第二位神气地端走了马肉。"苏子卿贝湖牧羊"，第三位毫不示弱地拿走了羊肉。"张翼德涿县卖肉"，第四个急巴巴地伸手把肉扒了过来。"关云长荆州刮骨"，第五个迫不及待地抢走了骨头。"诸葛亮隆中种菜，"第六个傲慢地端起了最后的一样青菜。

菜全部分完了，六个举人正准备边吃边嘲笑苏轼时，苏轼却不慌不忙地吟道："秦始皇并吞六国！"说完把六盘菜全部拿到自己面前，微笑道："诸位兄台请啊！"六个举人呆若木鸡。

鲁韦昌马，苗凤花方。

渊源

【鲁】 周朝时，周武王封伯禽于鲁国，是为鲁公。战国时，鲁国被楚国灭掉，其后代便以国名为姓，称为鲁氏。鲁姓名人：战国时齐国学者鲁仲连、三国时东吴政治家鲁肃。

【韦】 夏朝少康当政时，封大彭氏的别孙于韦国，后来周襄王迁居彭城，彭氏的子孙就以国名为姓，改称为韦氏。韦姓名人：西汉文学家韦孟、唐代诗人韦应物。

【昌】 黄帝有25个儿子，12个胞族，为四母所生，其中有昌氏，一直延续至今。昌姓名人：南朝梁将昌义之、南宋状元昌永。

【马】 战国时，赵惠文王把"马服"一地分封给赵奢，赵奢的一支后代便以"马服"为姓，后改为单姓"马"。马姓名人：东汉哲学家马融、三国名将马超、元曲名家马致远。

【苗】 春秋时，楚若敖之孙贲皇逃亡晋国，驻扎在"苗"地，其后以邑名为氏，称苗氏。苗姓名人：唐代大历十才子之一苗发、明代军事家苗汝霖。

【凤】 远古帝喾时，封有一种官名叫凤鸟氏，专管历法天文，他的子孙便以凤为姓。另有一说，凤氏即为风氏。凤姓名人：汉朝医药家凤纲、清朝将军凤山。

【花】 花氏出自华氏，因发音相似而成姓，也有一部分是满族姓氏变来的。花姓名人：明初名将花茂、花云。

【方】 黄帝伐蚩尤时，雷因功被封于方山，称方雷氏，他的子孙分为雷姓和方姓。方姓名人：五代时郑王方太、北宋农民起义领袖方腊、清朝文学家方苞。

品 故事

花木兰代父从军

北魏的时候，有一名女子叫花木兰。她从小就跟着父亲学习武术。

有一天，木兰看见父亲愁眉苦脸的，就上去询问，原来国家要去打仗，每户人家都要出一名战士，而自己家只有老父亲和年幼的弟弟，怪不得父亲要发愁。木兰思前想后，决定女扮男装，隐瞒身份，代父从军。

花木兰在战场上奋勇杀敌，从军十二年，屡建奇功，最终平定了边疆。后来，皇帝想要留花木兰在朝廷当官，奖赏她的战功，可花木兰说只想回家孝敬父母。无奈之下，皇帝只好派使者护送花木兰回家。

木兰回到了家，脱下了战袍，涂上了胭脂，换上了女装，出来向护送她回家的同伴们道谢。同伴们见木兰原是女儿身，都万分吃惊，没想到共同战斗十二年的战友竟是一位漂亮的女子！

俞任袁柳，酆鲍史唐。

渊源

【俞】黄帝时有名医俞跗，医术高超，精于脉经。古"俞"字与"腧"字相通，其后人为光大先人医术，称为俞氏。俞姓名人：唐代大臣俞文俊、宋末思想家俞琰。

【任】黄帝少子禹（禺）阳被封在任国，其后裔以国名为氏，称为任氏。任姓名人：西汉名臣任敖、金代书画家任询、清代书法家任伯年。

【袁】轩辕氏一开始居住在袁邑。后来轩辕氏取代炎帝当上了天子，号黄帝。他的后裔以邑名为氏，世代相传姓袁。袁姓名人：东汉军阀袁绍、明代将领袁崇焕、清朝文学家袁枚。

【柳】古代春秋时，鲁国有个士师叫展禽，即柳下惠，受封于柳下，其子孙便以封地名为姓，相传姓柳。柳姓名人：唐代文学家柳宗元、宋朝词人柳永、明末说书艺人柳敬亭。

【酆】周文王的第十七子被封于酆邑，世称酆侯。后来酆侯被废黜，其后人遂散居各地，始称酆氏。酆姓名人：宋代道人酆去奢、元末才子酆寅初、明代谏臣酆庆。

【鲍】春秋时，禹的后代孙敬叔，被封于鲍邑，其子叔牙以邑为氏，称为鲍姓。鲍姓名人：汉初大臣鲍永、晋朝思想家鲍敬言、南朝宋文学家鲍照。

【史】黄帝时创造文字的史皇仓颉，为史官，人称史皇氏，其后有一支以官名为氏，称史氏。史姓名人：南宋政治家史浩、明末政治家史可法。

【唐】尧是轩辕氏的玄孙，曾经被封为唐侯，之后他的一部分子孙因此姓唐，称为唐氏。唐姓名人：元代画家唐棣、明代书画家唐寅、明代儒学大师唐顺之。

故事

奉旨填词柳三变

柳永，原名三变，三十岁的时候，告别家乡到京城去考试，追求功名。谁想到第一次考试就落榜了，又隔了几年再次去考，结果又没被录取。

他轻轻一笑，填了一首词，叫《鹤冲天》，其中有一句："忍把浮名，换了浅斟低唱。"意思是，要那些功名做什么呢？不如换来酒，唱唱歌。

这首词后来被广为传唱，不仅传到了皇帝的耳中，连西夏国都在传唱。

时隔几年，柳永又一次参加科举考试，终于因为才华出众通过了。可等到圈点的时候，宋仁宗看到了柳三变这个名字，想起了他的那首《鹤冲天》，就在旁批道："且去浅斟低唱，何要浮名？"把他的名字勾掉了。

皇上的轻轻一笔，彻底地把柳永推到市民堆去写他的歌词。柳永只好自我解嘲说："我柳三变是奉旨填词。"

从此他终日流连在歌馆妓楼，写下了很多脍炙人口的词。

知识

赵姓为什么排第一

《百家姓》采用四言句式，句句押韵，虽然内容并无太多意义，但读来很顺口，易学好记，所以它的流传非常广，对中国的传统文化产生了很大的影响。它所录存的姓氏，体现了中国人对家族和家庭的认同观念，也体现了中国人的"寻根意识"。

《百家姓》的成书和普及要早于《三字经》，根据南宋学者王明清的考证，该书前几个姓氏"赵钱孙李"的排列是有讲究的："赵"是宋朝国君的姓，所以被排到了第一位；其次是"钱"，钱是当时的吴越国王的姓氏，相传该书就是当时的吴越人所写，所以排到了第二位；"孙"是当时吴越国王正妃的姓，所以排到了第三位；而"李"，是南唐国王李氏的姓，被排到了第四位。这就是《百家姓》中"赵钱孙李"排次的由来。

但根据我国最新的人口调查统计，当今中国人口最多的四个姓氏是"王李张刘"，因此在最新版"百家姓"的排行榜中，"王"姓排在了第一位。

fèi lián cén xuē　　léi hè ní tāng
费廉岑薛，雷贺倪汤。

渊源

【费】上古舜帝时，有个大臣叫伯益，帮助大禹治水有功，受封于大费，他的后代中有一支以费为姓。费姓名人：春秋时期楚国大夫费无极、西汉易学家费直、清代医学家费伯雄。

【廉】上古时期颛顼的孙子，名叫大廉，他的后辈子孙有以其名字为姓的，成为廉姓。廉姓名人：战国时赵国将领廉颇、东汉太守廉范、元朝宰相廉希宪。

【岑】周武王将其堂弟渠封在岑，子孙以国名为氏，就产生了岑氏。岑姓名人：东汉大将军岑彭、唐代诗人岑参、宋代书法家岑宗旦。

【薛】战国时田婴被封于薛，田婴死后，田文袭封，仍以薛为食邑。秦灭六国后，他们的后代以邑名为氏，称为薛氏。薛姓名人：唐代名将薛仁贵、唐代女诗人薛涛、清代医学家薛雪。

【雷】相传方雷氏是炎帝神农氏的九世孙，因战功被黄帝封于方山，其子孙以国名方雷为氏，后又分为两支，一支方氏，一支雷氏。雷氏名人：元代学者雷润德、清代宫廷建筑匠师雷发达。

【贺】东汉时，庆氏为避汉安帝父亲刘庆的名讳，庆字改为同义的贺字，史称贺姓正宗。贺姓名人：唐代诗人贺知章、北宋词人贺铸。

【倪】春秋时期，邾武公将次子封于郳，建立郳国，战国时郳国被楚国所灭，为避仇敌将郳去"阝"加"亻"旁成倪姓。倪姓名人：汉初御史大夫倪宽、元代画家倪瓒。

【汤】履一举灭夏，建立了商朝，定都于亳。履死后谥号成汤，其子孙中有一支以谥号为氏，成为汤氏。汤姓名人：明代戏曲家汤显祖、清代画家汤贻汾。

故事

廉颇负荆请罪

战国时期，蔺相如因为功劳大，被赵王封为上卿，官职比老将廉颇还要大。廉颇说："我要是遇见了他，一定要好好羞辱他一番。"

蔺相如听到后，每次都尽量避开廉颇。上朝也常常称病不去，避免与廉颇争位次。有一次蔺相如外出，远远看到廉颇，马上就掉转车子回避。

蔺相如门人都以为蔺相如害怕廉颇，因此感到非常羞愧。蔺相如却问门人："诸位认为廉将军和秦王相比谁厉害？"大家回答说："廉将军比不了秦王。"蔺相如说："我连秦王都不怕，难道会怕廉将军吗？但是强大的秦国之所以不敢攻打赵国，就是因为有我和廉将军在呀，如果我和廉将军成了仇人，那就给秦国可乘之机了！"

廉颇听说了这些话，非常惭愧，他脱去上衣，背着荆条，亲自到蔺相如的门前请罪。他说："我是个粗野卑贱的人，想不到蔺上卿这么宽宏大量！"两人终于重新和好，成了生死之交。

知识

"姓氏"的由来

"姓"来自原始社会的母系社会，当时中国的姓，是女方氏族的标志符号。后来母系氏族过渡到了父系氏族，便产生了"氏"，"氏"是由"姓"衍生出来的。例如孔子，他的姓是"子"，氏是"孔"，名是"丘"，后人都叫他"孔丘"，而不叫他"子丘"。

秦汉以后，姓与氏合并称为"姓氏"了。

"扬州八怪"

"扬州八怪"是指清康熙、雍正、乾隆三朝曾在扬州卖画的一批"怪画家"。他们的绘画风格与当时的正统画家有所不同，他们的思想行为与当时的习俗也不大一样。他们是：汪士慎、郑燮、高翔、金农、李鱓、李方膺、黄慎、罗聘。

百家姓

téng yīn luó bì　hǎo wū ān cháng
滕殷罗毕，郝邬安常。

渊源

【**滕**】相传黄帝的二十五子中，分别得到十二个姓，其中就有滕姓，这是起源最早的一支滕姓。滕姓名人：东汉京兆尹滕延、宋朝名臣滕子京。

【**殷**】盘庚迁都后，商朝被称为殷商，后来殷商被周武王消灭，不少后世子孙便以国名为姓。殷姓名人：东晋都督殷浩、文学家殷仲父、唐开国大将殷开山。

【**罗**】祝融的后裔分为八姓，妘姓家族在周朝时，有子孙被封在罗国，后来，罗国被楚国所灭，其后世便以罗为氏。罗姓名人：晋代政治家罗企生、唐代军事家罗通、《三国演义》作者罗贯中。

【**毕**】上古周文王将自己的第十五子姬高封于毕，建立了毕国，后毕国为楚所灭，其子孙就以国名为姓。毕姓名人：北宋科学家毕昇、唐朝画家毕宏、清朝史学家毕沅。

【**郝**】远古时太昊的佐臣郝骨氏，他的裔孙期，被封在郝乡。于是期的后代就以封地名为氏，就是郝氏。郝姓名人：秦朝上卿郝晏、东汉方士郝孟真、元朝经学家郝经。

【**邬**】春秋时期，陆终第四子求言，受封于邬，其子孙以受封地名为姓，称为邬氏。邬姓名人：孔子弟子邬单、唐朝书法家邬彤、宋代学者邬克诚。

【**安**】颛顼的次子叫安，封于西戎，建立了安息国，安息国王传位到太子安清时，他出家为僧，回到中国宣传佛教，他的族人后代都姓安。安姓名人：唐朝节度使安禄山、宋代石匠安民。

【**常**】黄帝时期有兄弟二人，一个叫常仪，制定了中国第一部历法"黄历"，另一个叫常先，是畜牧业的始祖，从此，常姓便繁衍下来了。常姓名人：唐代诗人常建、明朝大将常遇春。

故事

毕昇与活字印刷术

宋朝的时候，雕版印刷书籍非常流行。

当时，杭州有个号称"神刀王"的雕版师傅，刀下功夫远近闻名，许多人慕名前来拜师，"神刀王"一概不收。可他晚年的时候，却破格收下了一个平民出身的小徒弟——毕昇。

毕昇学得了"神刀王"所有的手艺后，却觉得这种方法费工费料，又不好更正，于是开始活字印刷的试验。

他用胶泥做成一些规格一致的毛坯，刻上单字，然后用火烧硬，成为单个胶泥活字。这样把刻板改为活字，错了可以掉换；书印好后，活字还可以再用。这种活字印刷既方便省力，又节约快速。

很快，这种方法传遍了世界，使印刷技术发生了巨大变革。

后来，毕昇被称为活字印刷术之父。

yuè yú shí fù　　pí biàn qí kāng

乐于时傅，皮卞齐康。

渊源

【乐】春秋时期宋戴公的儿子叫公子衎（kàn），字乐父，他的后代就以"乐"字为氏。乐姓名人：战国时魏国大将乐羊，燕国名将乐毅，三国时魏国大将乐进。

【于】西周时期，周武王封第二子于邘，后来，于邘的子孙就以国名为氏，有的姓邘，有的则简姓于。于姓名人：明朝大臣于谦、清代廉吏于成龙、近代著名书法家于右任。

【时】春秋时宋国有大夫来，受封于时邑，子孙便以"时"为氏。时姓名人：宋代画家时光、明朝制陶专家时大彬。

【傅】殷商高宗武丁于民间寻找贤人，在傅岩筑土墙的奴隶中找到了说，并任用他为相，遂天下大治，于是便让他以傅为姓。傅姓名人：西晋哲学家傅玄、现代画家傅抱石、翻译家傅雷。

【皮】春秋时，周卿士樊仲皮的后代以父名为姓，相传姓皮。皮姓名人：后汉谏议大夫皮究、晚唐文学家皮日休。

【卞】黄帝的儿子龙苗，他的孙子被封在卞国，其后代子孙以国名为姓，称为卞氏。卞姓名人：和氏璧的发现者卞和、元代诗人卞思义。

【齐】炎帝的后裔望子牙被封于营丘，建立齐国，他的子孙以国名为氏。齐姓名人：唐代大臣齐映、近代画家齐白石。

【康】周武王的少弟康叔谥号"康"，后人有以其谥号为氏者，是为康姓。康姓名人：明代文学家康海、清代画家康涛、近代著名政治家康有为。

品 故事

齐白石趣事

国宝蜜蜂

有一年一位外国要人访华,请绘画大师齐白石作画,齐老挥洒自如,一幅《牡丹醉春图》顷刻间完成。突然,一滴墨汁落到画上,观画者一片惋惜声。

此时的白石老人神态自若,在那墨点上轻描几笔,瞬间,一只极具神韵的小蜜蜂跃然纸上,《牡丹醉春图》顿时大放异彩,全场爆发出一片掌声。

齐老风趣地问翻译:"这小蜜蜂可算得上'国宝'吧!"

卖画为生

齐白石是近现代的中国画大师,世界文化名人。早年他曾做过木工,后来以卖画为生。

他作画卖画的时候,曾明码标价,画一只小鸡一块钱,有人讨价还价,要用四块半求画五只小鸡。齐白石不大情愿,画了四只小鸡,再画一只躲在树后只露出一半的小鸡。这样一来,鸡价虽不吃亏,却白画了一棵树没有算钱。

伍余元卜，顾孟平黄。

渊源

【伍】黄帝为部落首领时，其下有大臣名伍胥，其后代以祖名为姓，形成伍氏。伍姓名人：春秋时吴国政治家伍子胥、隋朝开国名将伍建章、晚清外交家伍庭芳。

【余】春秋时，秦国有个臣医叫由余，他的后代子孙以其名字为姓，有的姓由，有的姓余，同出一宗。余姓名人：唐代大学士余钦、明代小说家余象斗、清代学者余子锦。

【元】殷商时期，有一位名臣叫元铣，他是"元"姓最早的记载。元姓名人：唐代诗人元稹、金代文学家元好问。

【卜】上古时期有专门进行占卜的官员，他的后代以官名为姓，称为卜氏。卜姓名人：孔子七十二弟子之一卜商。

【顾】夏朝时，昆吾氏的子孙受封于顾国，夏末商初时，顾国被商汤灭掉，亡国后的顾国王族子孙以国名为姓氏。顾姓名人：晋朝画家顾恺之、清代思想家顾炎武。

【孟】春秋时，鲁庄公的弟弟公子庆父连杀两个鲁君，死后号孟孙氏，其后代简称孟氏。孟姓名人：战国哲学家孟轲（孟子）、唐代诗人孟浩然、孟郊。

【平】战国时期韩国君韩哀侯，将少子诺封于平邑，他的子孙就以封地名为姓，延续姓"平"。平姓名人：汉代宰相平晏、明代开国大将平安、清代书法家平翰。

【黄】夏朝时，东夷少昊的后裔——黄夷的后代建立了黄国。后来被楚国所灭，子孙便以国名为姓，成为黄姓。黄姓名人：三国名将黄盖、宋代文学家黄庭坚、唐代起义军首领黄巢。

故事

伍子胥一夜白头

故事发生在春秋时期，伍子胥是楚国人。当时的国君楚平王听信大臣的谗言，用计把伍子胥的父亲和兄长全部杀掉了。

伍子胥没有办法，只好逃奔他国，被楚兵一路追杀。

逃亡不久，伍子胥辗转来到了离昭关不远的一座小山下，只要从这里出了昭关，就可以径直通向吴国了。然而，昭关却被楚兵严格把守，很难过关。

这时，有个叫东皋公的人十分同情伍子胥，决定帮助伍子胥渡过难关，便把他带到了自己的居所，好心招待，筹划过关之事，一连几天都未想出计策。

第七天伍子胥实在熬不住，晚上寝不能寐：他想不辞而别，又担心过不了关；若是不走，不知还要等多久？如此翻来覆去，躺下又站起来，站起来又躺下，绕着屋子转来转去，不觉到了天亮。

第二天，东皋公一见他，大惊道："你怎么一夜之间，头发全白了？"

伍子胥一照镜子，果然头发全白了，不由暗暗叫苦。东皋公反而大笑道："有计策了！我跟你长得像，那就假扮成你吸引楚兵的注意，而你的头发白了，不用化装，别人也认不出你来了！"

就这样，伍子胥安然渡过了难关。

和穆萧尹，姚邵湛汪。

渊源

【和】唐尧时，羲和是掌管天地四时的官，他的后人以祖上官职为荣，便以其名字为姓，遂成和氏。和姓名人：西晋名臣和峤、五代文学家和凝。

【穆】春秋时期，宋穆公受到国人称赞，宋穆公的支庶系子孙以此为荣，有的就以"穆"为姓。穆姓名人：唐代御史穆赞、明代理学家穆孔晖。

【萧】殷商时期，伯益的子孙中一个叫孟亏的，被分封至萧地，建立了萧国，其后代以国名为氏。萧姓名人：汉朝政治家萧何、南朝梁文学家萧统。

【尹】相传黄帝的一个儿子子殷任工正之职，被封于尹城，世称尹殷。尹殷的后代多用封邑名"尹"作为姓氏。尹姓名人：战国时哲学家尹文、宋朝文学家尹洙。

【姚】相传舜出生在姚墟附近，其后世子孙便以地名为氏，称为姚氏。姚姓名人：唐初史学家姚思廉、清代经学家姚鼐。

【邵】周朝大臣召康公被封地为"召"，后来，召康公的子孙以"召"为姓，称召氏，也称邵氏。邵姓名人：西汉名臣邵信臣、北宋哲学家邵雍。

【湛】夏朝时，有个斟灌国，其后代把"斟""灌"各取一半，合为"湛"姓。湛姓名人：唐代高僧湛然、明代著名学者湛若水。

【汪】鲁国国君成公的儿子被封到汪邑，其后世子孙就以邑名为氏而姓汪。汪姓名人：宋代诗人汪藻、明代散曲家汪元亨、清代画家汪士慎。

故事

成也萧何，败也萧何

韩信原来是西楚霸王项羽手下的郎中，他屡次向项羽献计，都未被采用。于是他便从楚军转投汉军。

后来萧何几次与韩信谈话，发现他是个奇才，便向刘邦大力推荐。刘邦一开始不相信，没有重用他，于是韩信只好离开，准备另寻明主。萧何知道后，连夜把韩信追了回来，并再次向刘邦推荐，刘邦相信了萧何，马上拜韩信为大将军，统率全军。后来在韩信的率领下，汉军果然取得了节节胜利，最终打败了项羽，帮助刘邦建立了汉朝。

汉朝建立后，有人向吕后告发韩信密谋造反，吕后便与萧何商议，萧何用计把韩信骗进了宫，杀死了他。

于是，民间有了"成也萧何，败也萧何"的说法。

qí máo yǔ dí，mǐ bèi míng zāng
祁毛禹狄，米贝明臧。

渊源

【祁】春秋时，晋国贵族孙奚为晋大夫，拥有祁地，他的后世子孙便以地名为姓。祁姓名人：春秋时晋国大夫祁午、唐代大臣祁顺之、清代画家祁焕。

【毛】周朝时，周文王的儿子聃受封于毛邑，其子孙以邑名为姓，即为毛氏的起源。毛姓名人：战国名士毛遂、西汉"毛诗"的开创者毛亨、明朝名将毛文龙。

【禹】舜死后，大禹继位担任部落联盟领袖，他的后世子孙就以祖上的名字为氏，称禹氏。禹姓名人：金代节度使禹显、清代画家禹之鼎。

【狄】周代时，孝伯受封于狄城，建立了狄国。狄国灭亡后，国人便以国名为氏。狄姓名人：唐朝名臣狄仁杰、宋代名将狄青。

【米】隋唐时，西域有一个米国，汉朝时被匈奴攻击，迁移到了中原，他们以国名为姓氏，形成了米氏。米姓名人：北宋书画家米芾、明书画家米万钟。

【贝】上古时期，周文王的一个儿子被封在浿水，建立了郥国，他的后代就为郥姓，后来他们去掉偏旁，改姓"贝"。贝姓名人：唐代画家贝俊、清代诗人贝清桥。

【明】秦穆公时，百里奚的儿子孟明被拜为大夫，立下战功，后人以他的名为姓。明姓名人：隋初名士明克让、元末红巾军将领明玉珍。

【臧】春秋时期，鲁孝公的儿子名彄（kōu），被封在臧地，建立"臧"国，他的子孙后代就以"臧"为姓。臧姓名人：南朝齐史学家臧荣绪。

品 故事

毛遂自荐

一次，秦国大举进攻赵国，平原君奉命出使楚国，向楚国求救。出发前，毛遂站出来自荐说："我愿与你一同前往！"平原君见毛遂再三要求，勉强同意了。

到了楚国，楚王与平原君从早晨谈到中午，仍旧没有结果。于是毛遂大步跨上台阶，说："出兵的事，利害分明，简单而又明白，为何还不决定？"

楚王非常恼火，呵斥道："你是什么人？还不给我退下！"

毛遂见楚王发怒，反而又走上几个台阶。他手按宝剑，说："如今你我相隔十步，就像秦赵相隔得那么近！赵国危在旦夕，请你早下决定！"

楚王见毛遂有勇有谋，就听他把道理讲完，一番话说得楚王心悦诚服，答应马上出兵。

没几天，楚、魏等国联合出兵援赵，秦军被迫撤退。平原君便把毛遂敬为上宾，感叹地说："毛遂原来真是了不起的人啊！他的三寸不烂之舌，抵得过百万大军呀！"

知识

"亚圣"孟子

孟子（约公元前372—公元前289），名轲，字子舆，战国时期邹国人。他是著名的思想家、政治家、教育家，是孔子学说的继承者，儒家的重要代表人物。

在中国的文化史上，人们称孔子为"圣人"，称孟子则为"亚圣"，他们两个人都是儒家文化的大师，所以，他们二人的思想被称作"孔孟之道"。

中庸之道

中庸之道的理论基础是"天人合一"。中庸之道是人生的大道，是事业成功、生活与健康的根本理论，大致有三层含义：一、中不偏，庸不易。人生不偏离，不变换自己的目标和主张，这就是一个持之以恒的成功之道。孔子说："中庸之为德也，其至矣乎！民鲜久矣。"二、指中正、平和。人需要保持中正、平和，如果失去中正、平和，一定是喜、怒、哀、乐太过，治怒唯有乐，治喜莫过礼，守礼的方法在于敬。所以，只要保持一颗敬重或者敬畏的心，中正、平和就得以长存，人的健康就得以保障。三、中指好的意思，庸同用，即中用的意思。指人要拥有一技之长，做一个有用的人才；又指人要坚守自己的岗位，要在其位谋其职。

jì fú chéng dài　tán sòng máo páng
计伏成戴，谈宋茅庞。

渊源

【计】夏商时期，有一个国叫计国，后被周朝消灭，计国的后代以国名为姓，是最早的计氏。计姓名人：春秋时越国名士计然、宋代学者计有功。

【伏】伏羲氏的后代中，有的用"伏"作为自己的姓氏。伏姓也是宓姓，古代伏、宓两姓通用。伏姓名人：汉朝圣人伏胜、南朝宋、齐大臣伏曼容。

【成】西周初年，周文王第五子叔武受封于郕，建立郕国。其后代以国名郕为姓，后人又简化取"成"为姓。成姓名人：西晋的文学家成公绥、金代医学家成无己、评剧鼻祖成兆才。

【戴】春秋时期，戴国亡于郑国，其族人以国名"戴"为氏。戴姓名人：唐代诗人戴叔伦、南宋诗人戴复古、清代哲学家戴震。

【谈】上古时期，微子启建郯国，春秋时被楚国所灭，后世子孙以国名为姓，传为谈姓。谈姓名人：唐代诗人谈戭、清代诗画家谈炎衡、清末教育家谈寿龄。

【宋】战国后期，宋国被齐、楚、魏三国瓜分，宋国遗民子孙便以国名为姓，称为宋氏。宋姓名人：战国时文学家宋玉、唐代诗人宋之问、近代民主革命家宋教仁。

【茅】上古周朝时，周公第三子茅叔受封于茅，建立了茅国，到春秋时，茅国被邹国所灭，茅国公族子孙就以国名为姓。茅姓名人：秦代谏臣茅焦、明代名士茅维。

【庞】周文王之子毕公高，他的后裔被封于庞地，后世子孙便以庞为氏。庞姓名人：战国时魏国将领庞涓、东汉谋士庞统。

故事

庞涓背信害孙膑

孙膑和庞涓是同学,两人都拜鬼谷子先生为师,一同学习兵法。

有一年,魏惠王以优厚待遇招求天下贤士,庞涓听到了这个消息,决定下山谋求富贵。孙膑则觉得自己学业不够精纯,还想进一步深造,于是庞涓一个人先走了。

临行前,他对孙膑说:"我们两人有八拜之交,这一去,如果我能获得魏国重用,一定举荐兄长,一起建功立业。"

庞涓因为很有才能,最终得到了魏王的重用,可他却把孙膑给忘了。后来,孙膑到了魏国,立刻就去看望庞涓。庞涓表面表示欢迎,但心里却很不安,唯恐孙膑抢夺了他的位置。在交谈过程中,庞涓发现自己下山后,孙膑在鬼谷子教诲下,学问才能更高于从前,因此对孙膑十分嫉妒,就设计陷害孙膑,挑断孙膑的膝盖骨,想害死孙膑。

最后,孙膑想办法逃了出来,并为自己报了仇。

xióng jǐ shū qū　xiàng zhù dǒng liáng
熊纪舒屈，项祝董梁。

渊源

【熊】皇帝为姬姓，号轩辕氏，又号熊氏，建都在熊，其后裔中有一部分人以熊为姓。熊姓名人：北朝经学家熊安生、近代哲学家熊十力。

【纪】西周初年，炎帝的一个后代受封于纪，建立了纪国。春秋时，纪国被齐国所灭，纪国王族子孙就以国名为姓。纪姓名人：汉初大将纪成、清代著名学者纪昀。

【舒】周朝时，皋陶的后代受封于舒，建立舒国，后被楚国所灭，族人便以舒为姓。舒姓名人：唐代著作家舒元舆、清代诗人舒位、舒东。

【屈】春秋时，瑕被楚武王封于屈地，史称屈瑕，他的后代以封地名为姓，始成屈氏。屈姓名人：战国时楚国大诗人屈原、明末清初文学家屈大均。

【项】春秋时期，楚国公子燕受封于项城，建立了项国。后来项国被齐国所灭，于是子孙后代以国名为姓，称项姓。项姓名人：战国时楚国将领项燕、西楚霸王项羽。

【祝】周朝时，黄帝的一支后裔受封于祝，后来就有了祝国，子孙便以地名为氏。祝姓名人：东晋名女子祝英台、明代书法家祝允明。

【董】颛顼的后裔董父精于饲龙，舜帝便赐董父以董为姓，其后代以董为氏。董姓名人：西汉哲学家董仲舒、西汉大司马董贤。

【梁】周宣王封康在夏阳梁山，建立梁国，立国为君，称梁康伯。春秋时，秦穆公攻灭梁国，梁伯的后代遂以国名为氏，称梁姓。梁姓名人：东汉隐士梁鸿、近代文化名人梁启超、近代文学家梁实秋。

故事

纪晓岚的幽默

纪晓岚是清朝时期的著名学者。

有一天，他到五台山去游玩。他走进庙里，方丈把他上下打量了一番，见他衣履还算整洁，仪态也一般，便招呼一声："坐。"又叫一声："茶。"意思是端一杯一般的茶来。

两人寒暄了几句后，知他是京城来的客人，赶忙站起来，面带笑容，把他领进内厅，热情地招呼说："请坐。"又吩咐道："泡茶。"意思是单独沏一杯茶来。

后来两人又细细交谈，当方丈得知来者是有名的学者纪晓岚时，立即恭恭敬敬地站起来，满脸赔笑，赶忙把他请进禅房，连声招呼说："请上坐。"又大声吆喝："泡好茶。"接着，他马上拿出纸和笔，一定要请纪晓岚留下墨宝。纪晓岚面带微笑，提笔一挥而就，写出一副对联："坐，请坐，请上坐；茶，泡茶，泡好茶。"

方丈看了非常尴尬。

知识

国学大师季羡林

季羡林（1911—2009），山东聊城人，字希逋。

他是国际著名的东方学大师、语言学家、文学家、国学家、佛学家、史学家、教育家。他精通九国语言，尤其精于吐火罗文，是世界上仅有的精于此语言的几位学者之一。

季羡林曾被冠以"国学大师、学界泰斗、国宝"，是名副其实的大学者。

后来，他的著作被汇编成《季羡林文集》，共二十四卷，给后代留下了宝贵的遗产。

dù ruǎn lán mǐn　xí jì má qiáng

杜阮蓝闵，席季麻强。

渊源

【杜】周朝时，唐杜氏的后裔被改封为杜，建立杜国，后来杜国灭亡，杜姓子孙出奔，杜姓自此问世。杜姓名人：东汉经学家杜林、隋末农民起义军领袖杜伏威、唐代大诗人杜甫、杜牧。

【阮】商代有阮国，是商的诸侯国，后被姬昌所灭，其后代族人相约以国名为姓。阮姓名人：东汉文学家阮瑀、三国时魏国文学家阮籍、魏晋名士阮咸。

【蓝】春秋时，楚国公子受封于蓝，子孙以封地名为氏。蓝姓名人：唐代名士蓝采和、宋代学者蓝奎、清代画家蓝洄。

【闵】周朝时，鲁国国君启，被庆父所弑，谥号鲁闵公，他的后世子孙以其谥号"闵"为姓，称为闵氏。闵姓名人：春秋时期大夫闵子马、清代画家闵贞。

【席】尧为部落首领的时候，遇到一个自称为席师的老翁，击壤而歌。后来尧拜他为师，席师就是席氏的始祖。席姓名人：西魏大将席因、清代诗人席佩兰。

【季】古代兄弟排行顺序为"伯、仲、叔、季"，春秋时吴国公子札排行第四，人称季札，后世子孙以其排行顺序为氏。季姓名人：秦末汉初名将季布、宋代大臣季陵、当代学者季羡林。

【麻】周代时，楚国有熊姓大夫被封于麻地，其后代子孙以此为姓，改麻姓。麻姓名人：唐代画家麻居礼、宋代经史学家麻九筹、明代将领麻贵。

【强】春秋时，齐国公族中有个叫公孙强的，他的后人以祖上的名字为姓，称强姓。强姓名人：春秋时郑国大夫强鉏、北宋学者强至、清代医学家强行健。

故事

季羡林闻过必改

有一年冬季,季羡林在报纸上发表了一篇文章《漫谈皇帝》。他说:"(皇帝)生长于高墙宫院之内,养于宫女宦官之手,对外面的社会和老百姓的情况,有的根本不知道,或者知之甚少,因此才能产生陈叔宝'何不食肉糜'的笑话。"

没过几天,著名学者钟叔河就在同一份报纸上发表了《陈叔宝和司马衷》。他在文中指出季羡林文章的错误:"老百姓断了粮,却怪他们为什么不吃清蒸狮子头,的确荒唐可笑……但笑语的主角却是'司马衷'而非'陈叔宝'。这两个皇帝年代相差多年,中间还隔了东晋、宋、齐、梁、陈。"

钟叔河还在文章中说:"写随笔不必查书,误记一两个人名是难怪的。我自己在《记成都》文中,即曾把刘长卿的一首诗误以为是刘禹锡作的。写这则小文,只是对陈叔宝司马衷的事感兴趣,借此谈上几句,凑凑热闹。"

后来在一次公开谈话中,季羡林接受采访时说:"的确是我错了,我一定要认真改过。"

可以说,对于这件事,钟叔河认真地纠正错误而没有嘲讽,季羡林诚恳地认错而没有辩解,由此看出他们两人不仅仅学问好,而且品德也高尚。

贾路娄危，江童颜郭。

jiǎ lù lóu wēi, jiāng tóng yán guō

渊源

【贾】西周时，公明被封于"贾"，建立贾国，后来贾国被晋国吞并，其后裔子孙按当时的习惯"以国名为氏"，出现了贾氏。贾姓名人：西汉文学家贾谊、北魏农学家贾思勰、唐代诗人贾岛。

【路】黄帝的后代玄元，因为有功，被封在"路中"这个地方，后来被周所灭，他的后代就以国名为氏，为路氏。路姓名人：西汉将领路博德、宋代经学家路振、金代名将路伯达。

【娄】周武王灭商后，封东楼公于杞，建立杞国。春秋时，杞国的后代迁到娄邑，于是他们以地名为姓，称娄姓。娄姓名人：唐朝大臣娄师德、宋代承天寺僧人娄僧、明代诗人娄坚。

【危】三苗族与舜争夺天下，被舜帝打败，后来三苗族人迁到了三危山，于是其后裔以危为姓，称危氏。危姓名人：元代医学家危亦林、明朝经学家危素。

【江】颛顼玄孙伯益的后代被封在江地，建立江国，后来被楚国灭掉，其子孙就改姓江。江姓名人：汉代诗人江翁、南朝名人江淹、宋朝画家江参。

【童】颛顼有个儿子叫老童，他天生一副好嗓子，嗓音就像钟磬一样宏亮清越，他的后世子孙就以"童"字为姓，称童姓。童姓名人：清代诗画家童钰、现代生物学家童第周。

【颜】春秋时，邾国被楚国灭掉，当时的国君夷父，字颜，又称邾颜公。他的一支族人就以"颜"为姓，称颜姓。颜姓名人：孔子贤弟子颜回、唐代大书法家颜真卿。

【郭】禹虢受封于任地，他的后代建立了虢国，"虢"通"郭"，郭姓来源于此。郭姓名人：东晋文学家郭璞、元代科学家郭守敬。

娄师德不市恩

武则天当政时，狄仁杰与娄师德同时担任宰相。

狄仁杰排斥娄师德已有很长时间了。有一天，武则天问狄仁杰："我提拔信任你，你知道是为什么吗？"

狄仁杰答道："我凭自己的才干和品德受朝廷任用，而不是靠别人来成就自己的事业。"

武则天说："我原来并不了解你的情况，你之所以能得到朝廷的青睐，实在是出于娄师德的推荐呀！"

狄仁杰看了娄师德推荐自己的奏本后，惭愧地说："我没有想到，娄公一直在包容我啊！他举荐了我，却从未在我面前露出自夸的神色啊！"

苦学成大家

颜真卿开始练书法时，总是静不下心，想走点捷径。

他慕名到当时的大书法家张旭那里学习，希望得到名师的指点。可是半年多过去了，张旭很少直接教导他如何写，只是把前代名帖和自己写的字交给颜真卿临摹，要他反复揣摩，多观察大千世界，领悟自然万象，才能有所启发。

对这样的教法颜真卿颇感失望，于是请求张旭尽快传授妙诀秘方给他。张旭听后，开导颜真卿道："除了养成苦学的习惯，没有什么诀窍啊。"

颜真卿听了老师的话，经过认真的思考，终于明白了为学之道。从此，他不再寻找成功的捷径，经过勤学苦练，终于成为一代大书法家。

méi shèng lín diāo　zhōng xú qiū luò

梅盛林刁，锺徐邱骆。

渊源

【梅】殷商时，君王太丁封其弟于梅，世称梅伯。商纣时，梅国国君梅伯被纣王所杀，其后世子孙以封邑名为氏，为梅氏。梅姓名人：北宋文学家梅尧臣、近代京剧艺术家梅兰芳。

【盛】周灭商之后，分封了许多同姓国家，盛国即是其中之一。春秋时，盛国被齐国所灭，亡国后其后代就以盛为姓。盛姓名人：元代著名画家盛懋、宋代学者盛度。

【林】周武王姬发灭商后，赐他儿子林姓，并封在博陵，他就是林坚，是林姓的始祖。林姓名人：清朝大臣林则徐、近代文学家林语堂、建筑学家林徽因。

【刁】周文王时，有一个国家叫雕国，其国人多姓雕，后简称刁。刁姓名人：元代大将刁代、清代书法家刁戴尚。

【锺】周朝时，伯宗因直言遭人嫉恨而被害，他的儿子州犁被封在"锺离"，于是他的后人以地名为氏，后单称锺氏。锺姓名人：春秋时楚国音乐家锺子期、三国时魏国书法家锺繇。

【徐】伯益曾助大禹治水有功，虞舜封其子若木于徐国，后来被吴国所灭，其子孙以国名为氏。徐姓名人：三国名臣徐庶、明代名将徐达、明代旅行家徐霞客。

【邱】出自姜姓，为姜太公的后裔。西周初年，姜太公被封于齐，以营丘为都，其子孙中有以地名为氏的，称为丘氏。丘姓名人：元代全真教丘处机、诗人丘一中。清雍正皇帝下诏，为避孔子名讳，丘姓改为邱姓，相传至今。

【骆】姜太公的后代有公子骆，为别他族，子孙以其名为氏，称骆姓。骆姓名人：唐代文学家骆宾王、清代经济学家骆家贤。

故事

徐无鬼讽谏魏武侯

春秋战国时期，魏国有个隐士叫徐无鬼。一天，他去见魏国的国君魏武侯。一见面，国君就说："您远离寡人独自住在深山老林里，要自己种地做饭，如今是不是老了，想来找寡人讨点酒肉美味？"

对于这番奚落，徐无鬼一点也不生气，他平静地说："我生于贫穷低贱之家，从来不奢望什么富贵荣华，我今天是特地来慰劳国君您的。"

"慰劳寡人？"国君朝四周看了看，有点奇怪，"慰劳什么？""慰劳您的精神和身体。"徐无鬼答道。"寡人怎么啦？"国君瞧瞧自己，又问。

"我听说，登上高位的人不可以自视高人一等，处在低位的人也不应该自以为矮人一头。您作为大国的国君，为了满足一己之欲，让全国的百姓受苦，为此弄得心神不宁。心神是厌恶自私的，如今您患上了自私病，所以我大老远地跑来慰劳您。"徐无鬼说。国君听了怅然若失，无言以对。

知识

《徐霞客游记》

《徐霞客游记》是以日记体为主的中国地理名著。它是由明代地理学家徐霞客（1587年—1641年）经过34年旅行写就的。其中写有天台山、雁荡山、黄山、庐山等名山游记；对全国的地理、水文、地质、植物等现象，也均做了详细记录，在地理学和文学上卓有成就。

gāo xià cài tián　fán hú líng huò
高夏蔡田，樊胡凌霍。

渊源

【高】 姜太公的后代姜赤，他的次子受封于高邑，称公子高。公子高的孙子取"高"姓，世称高傒，其后代便以高为姓。高姓名人：唐代诗人高适、元代戏曲家高则诚、高文秀。

【夏】 舜帝封禹于"夏"，禹的儿子启建立了夏朝，后来夏朝被商汤推翻，夏王族便以国名为氏，称为夏氏。夏姓名人：北宋大臣夏承皓、夏竦，南宋画家夏圭。

【蔡】 周武王把弟弟叔度分封到"蔡"，后改封叔度的儿子姬胡，世称蔡仲。后蔡国被楚国所灭，其子孙便以国名为姓。蔡姓名人：造纸术发明者蔡伦、东汉画家蔡邕、东汉女诗人蔡文姬。

【田】 齐桓公封妫完于田地，其后子孙以地名为氏，称田姓。田姓名人：战国名将田单、战国时齐国名臣田文、西汉著名学者田何。

【樊】 西周时，宣王封仲山甫为樊侯，他的子孙即以樊为姓，始有樊氏。樊姓名人：汉初将领樊哙、汉代地理学家樊英、北齐哲学家樊逊。

【胡】 西周初年，帝舜的后人胡公满受封于陈国，春秋末被楚国所灭，其后人有的以胡为氏。胡姓名人：南北朝将军胡遵、中国现代学者胡适。

【凌】 康叔的儿子有的在周朝做官，官职为凌人，负责贮藏冰块，他的后人以他的官职作为姓氏。凌姓名人：三国时吴国大将凌统、明代文学家凌濛初。

【霍】 周武王把他的弟弟叔处封在霍地，称为霍国，春秋时被晋国所灭，其国人以国名为氏，姓霍。霍姓名人：西汉大将霍去病、宰相霍光、近代武术家霍元甲。

故事

高则诚写《琵琶记》

元朝的剧作家高则诚,为了写《琵琶记》,辞官回家,过起了隐居生活。

他为了使自己写的戏曲合乎格律,便于演唱,就一边写一边唱。每写完一个曲段,都要用右手拍着桌子,左脚踏着地板,打着拍子反复吟唱,每发现不合声律和拗口的地方,就马上停下来修改,反反复复许多次,直至自己满意为止。

天长日久,他口干舌燥,声音也哑了。别人都说他不值,他仍坚持不懈。

就这样过了三年,桌子上手拍的地方,竟有一寸多深的指痕,左脚踏拍的地方,地板竟被踩穿了,出现了一个大窟窿。而被称为"南戏之祖"的《琵琶记》也终于写成了。高则诚一举成名,成为著名的剧作家。

虞万支柯，昝管卢莫。
（yú wàn zhī kē，zǎn guǎn lú mò）

渊源

【虞】禹帝把舜帝的儿子封在虞这个地方，建立了虞国，他的子孙便将虞作为自己的姓，称为虞姓。虞姓名人：战国时赵国上卿虞卿、金代宰相虞仲文、清代诗人虞黄昊。

【万】春秋时，芮伯万因宠姬太多，被母亲芮姜赶出国去，住在魏城，其子孙以祖父的字"万"为氏。万姓名人：唐代大孝子万敬儒、清代史学家万斯同。

【支】尧舜时有个叫支父的人，他的后世子孙便以支为姓。支姓名人：汉代大儒支曜、宋代画家支选。

【柯】柯卢为了纪念曾祖父"柯相"在柯山会诸侯的盛典，指山为姓，始有柯姓。柯姓名人：元代书画家柯九思、明代历史学家柯维骐。

【昝】由咎姓而来，咎因为指灾祸，不吉利，便在咎字的口中加一横，成为昝姓。昝姓名人：唐代医学家昝殷、明代学者昝如心、清书画家昝茹颖。

【管】周朝时，管叔被周公旦平定。管叔死后，他的后代就用他的封地名"管"作为姓氏，称管姓。管姓名人：春秋时齐国政治家管仲、三国时学者管宁。

【卢】齐桓公把卢邑封赐给功臣高傒，其后裔子孙以封邑名为姓氏，称卢氏。卢姓名人：东汉代王卢芳、东汉学者卢植、唐代诗人卢照邻。

【莫】上古颛顼帝建造鄚阳城，其后代居于此地的便以城名作为姓氏，后简为莫姓。莫姓名人：春秋时期吴国人莫邪、南北朝时期名人莫愁、唐朝文人莫修符。

品 故事

管宁割席

三国时期,管宁和华歆曾是一对要好的朋友,经常在一起读书写字。

有一次,他们俩一起在菜园里锄草,突然金光一闪,泥土中翻出了一片金子。

管宁目不斜视,把它当作普通的石块,仍然不停地挥锄;华歆却心中一动,拾起金片,端详了好一阵,才恋恋不舍地扔掉。

又有一次,他们两人正坐在席上读书,忽然外面鼓乐喧哗,有位高官乘着华丽的马车经过门前。管宁仿佛没有听见一样,仍埋头读书;而华歆则连忙丢下书本,跑到街上去看。当华歆从街上回来的

时候，管宁用刀把席子一割为二，说："从今以后，你再也不是我的朋友了。"

后来，华歆果然追逐名利，成了曹丕手下的鹰犬，而管宁则成了一位有名的学者。

知识

帝王之师伊尹

伊尹，夏末商初人，曾辅佐商汤王建立商朝，被后人尊为中国历史上的贤相，奉祀为"商元圣"。

伊尹一生对中国古代的政治、军事、文化、教育等多方面都做出过卓越贡献，是杰出的思想家、政治家、军事家，中国历史上第一个贤能相国、帝王之师、中华厨祖。

他创立的"五味调和说"与"火候论"，至今仍是中国烹饪的不变之规。有趣的是，伊尹还把烹饪的道理用在了治国之道上，"治大国若烹小鲜"就是他的名言。

jīng fáng qiú miào　　gān xiè yīng zōng
经房裘缪，干解应宗。

渊源

【经】春秋时期周王有个卿士被封于经邑，称为经侯，他的后代以经为氏。经姓名人：明朝文士经承辅、清朝将领经文岱。

【房】舜帝继位以后，封尧帝的儿子丹朱于"房"地，他的后代以地名为姓，产生了房姓。房姓名人：唐代初年名相房玄龄、唐代宰相房琯、唐代画家房茂长。

【裘】春秋时期卫国有个大夫被分封在裘邑，他的后人便用裘作为自己的姓氏。裘姓名人：唐代诗人裘瑜、宋代诗人裘万顷、清代总兵裘安邦。

【缪】秦穆公的谥号为"缪"，由于古代"缪"与"穆"同音，所以秦缪公也称秦穆公。他有个儿子以他的谥号为姓，世代传为缪姓。缪姓名人：明代医药学者缪希雍、清代诗画家缪谟。

【干】古代有干国，春秋时被吴国所灭，国人便以国名为姓，遂成干氏。干姓名人：晋代作家干宝、三国时道人干吉、宋时西夏宰相干道冲。

【解】西周初期，周武王的孙子良受封于解邑，被称为良解。他的子孙于是以封地名作为姓氏，成为解氏。解姓名人：五代书画家解处中、明代学者解开。

【应】周武王第四子应叔被封于应地，为应侯，子孙以封地名为姓，遂称应氏。应姓名人：汉初名人应曜、汉代学者应劭、三国时魏国文学家应玚。

【宗】周朝时，有人为宗伯官，掌握邦国祭祀典礼之职，其子孙以祖上官职为姓，称为宗氏。宗姓名人：东晋书画家宗炳、北宋政治家宗泽、现代美学大师宗白华。

贤相房玄龄

房玄龄虽然身居相位，名贯天下，却从来不居功自傲，更不贪权图利。

有一次，唐太宗召集大臣商议，想要封房玄龄为宋州刺史和梁国公。唐太宗之所以要封房玄龄为宋州刺史，是想让房玄龄的子孙能够世袭，享受权利和富贵。但房玄龄觉得自己身为宰相，应为各位大臣做出榜样，不该贪图私利，于是上奏说："臣已经担任了宰相，现在又封为宋州刺史，这样恐怕会使大臣们都追逐名利，养成不良的作风。"

唐太宗便依了房玄龄的奏请，只封他为梁国公。不久，朝中大臣都纷纷仿效，辞去了能世袭的官职。唐太宗十分感慨地说："上行下效，朝中大臣今天能清正廉明，都是玄龄的功劳，真是少有的贤相！"

dīng xuān bēn dèng　yù shàn háng hóng
丁宣贲邓，郁单杭洪。

渊源

【丁】姜太公之子伋，谥号为齐丁公，他的子孙以其谥号为氏，称为丁姓。丁姓名人：汉代学者丁恭、北宋宰相丁谓、清末北洋水师提督丁汝昌。

【宣】周时，姬静在位四十六年，逝世后的庙号为宣王，史称周宣王。其子孙中有以先祖谥号为姓氏者，称宣氏。宣姓名人：唐朝状元宣珍之、清代著名学者宣澍甘。

【贲】春秋时期，鲁国有一个贵族叫县贲父，他的后代取贲字作为姓，世代相传。贲姓名人：汉代将军贲赫、元代大将军贲亨。

【邓】战国时代，邓国被楚国所灭，其子孙以国名为氏，称为邓氏。邓姓名人：东汉名将邓禹、元代思想家邓牧、清末爱国将领邓世昌。

【郁】远古时期大禹的老师叫郁华，他的后代以先祖名字为氏，成为郁氏。郁姓名人：春秋时鲁相郁贡、明代户部尚书郁新、清代经学家郁禾。

【单】周成王封少子臻于单邑，他的子孙便以封地名为姓，世代相传姓单。单姓名人：后汉大将单超、隋末瓦岗军将领单雄信。

【杭】大禹的后代被封在余航，其子孙将"航"去舟加木写成"杭"，自称杭氏。杭姓名人：汉代善人杭景、明朝中丞杭济、杭淮、清朝学者杭世骏。

【洪】共工氏为了不让自己的后世子孙忘记自己是水神，便在自己名字"共"的旁边加上"氵"，成"洪"字，其后便有了洪氏。洪姓名人：宋代词人洪皓、太平天国领袖洪秀全。

洪迈失言自愧

洪迈是南宋著名的学者,《容斋随笔》的作者。

他在京师翰林院的时候,有一次值班,要为皇帝起草二十多份诏书。他从早忙到傍晚,终于完成。

晚饭过后,他在庭院间漫步,碰到一位老人在花荫之下休息。

老人说:"听说今日的文书很多,大学士一定劳神了。"洪迈听了后说:"今天起草了二十多份诏书,都已经完成了。"老人又赞颂说:"学士才思敏捷,真不多见。"洪迈非常得意,夸口说:"苏东坡大学士也不过如此吧!"老人先是点头表示同意,接着不无惋惜地叹气说:"是啊,苏东坡学士也不过如此,只是他不用查阅资料罢了。"洪迈顿时羞愧得满脸通红。

他以此为鉴,在向客人说起这件事的时候说:"人不可以自我夸耀,当时假如有地缝的话,我也会钻进去的。"

bāo zhū zuǒ shí　cuī jí niǔ gōng
包诸左石，崔吉钮龚。

渊源

【包】一说为春秋时楚国大夫申包胥之后，另一说是上古时期庖厨的后代，将庖去偏旁而成包氏。包姓名人：后汉郎中包咸、北宋丞相包拯、清代学者包世臣。

【诸】西汉初期，有人名为无诸，他是战国时期越王勾践的后代，被刘邦封王。他的后代以他的名字作为姓氏，形成诸姓。诸姓名人：明代孝女诸娥、清代学者诸福坤。

【左】春秋时齐国公族有左、右公子之分，后左公子的后代便以左字为姓，形成左氏。左姓名人：西晋文学家左思、清朝大臣左宗棠。

【石】春秋时康叔的后代叫公孙碏，字石，又称石碏，是卫国的贤臣，其后代以"石"为姓。石姓名人：晋朝开国功臣石苞、宋初大将石守信、太平天国名将石达开。

【崔】周时，齐王丁公伋的嫡长子被封于崔邑，其子孙以邑为氏，成为崔姓。崔姓名人：唐代诗人崔颢、清代史学家崔述。

【吉】远古黄帝有个裔孙叫伯儵，受封于南燕国，赐姓姞。后来他的子孙省去女旁，遂成吉氏。吉姓名人：唐代大历十才子之一吉中孚、清代大臣吉梦熊、近代抗日将领吉鸿昌。

【钮】春秋时期，钮宣义因其祖上为专职从事钮柄制作的'百工'之长，故以技艺为姓，称为钮氏。钮姓名人：元朝时文官钮克让、明代藏书家钮纬。

【龚】商代时，共国因侵犯周而受文王姬昌的讨伐，被周文王姬昌所灭。共国灭亡后，其子孙以国名为氏，成为共氏，后演变为龚姓。龚姓名人：清代著名的思想家龚自珍。

故事

左思与《三都赋》

左思是我国西晋著名的文学家,他出身寒微,自幼反应迟钝,长得丑,又不善言辞。学书法、弹琴,都没学成。父亲对朋友说:"这孩子智力差!"左思很不服气,发愤学习,以勤补拙,终于有了点名气。

后来左思决定写《三都赋》,当时的江东才子陆机嘲讽道:"这里有个丑八怪想作《三都赋》,他的文章只配给我盖酒瓮。"左思毫不动摇,吃饭、走路想的都是《三都赋》。家中连茅厕也放着纸和笔,每当琢磨出一个好句子,就随时记下。经过10年的努力,他终于写成了《三都赋》。

左思的《三都赋》一时震动京都洛阳,达官显贵竞相传抄,以至洛阳纸价上涨。

"洛阳纸贵"的成语流传至今。

chéng jī xíng huá　péi lù róng wēng
程嵇邢滑，裴陆荣翁。

渊源

【程】伯符在周时被封在程地，建立了程国，程国的居民以国名为氏，于是就产生了程氏。程姓名人：春秋时名士程婴、隋末将领程咬金、北宋宋明理学的奠基人程颐、程颢。

【嵇】夏朝时，季抒被封于会稽，称会稽氏，后又迁到嵇山，改为嵇姓。嵇姓名人：三国时期魏国名士嵇康、宋代翰林嵇颖。

【邢】春秋时代，邢国被卫国灭掉后，子孙以国名为氏而有了邢姓。邢姓名人：北宋经学家邢昺、明代书画家邢侗。

【滑】西周时有一个滑国，后来滑国被晋国所灭。亡国后，滑国的子孙便以国名作为自己的姓氏。滑姓名人：元朝末年医学家滑寿。

【裴】秦非子的后人被封为裴乡的首领，称裴乡侯，这位贵族被称为裴君，他的后世子孙便以封邑名为姓，称裴姓。裴姓名人：隋光禄大夫裴仁基、唐代宰相裴光庭、南朝宋史学家裴松之。

【陆】相传火神祝融有一个儿子名终，因为在陆乡一带，所以叫陆终。他的后代有的就以陆为姓，称陆氏。陆姓名人：三国时吴国名将陆逊、南宋诗人陆游、清代藏书家陆心源。

【荣】远古黄帝时代，有个音乐家叫荣援，受黄帝命令铸造了12个铜钟，荣援就是荣姓的始祖。荣姓名人：春秋时期的学者荣启期。

【翁】一说周昭王封庶子于翁地，国亡后其子孙以地名为姓。一说上古夏朝，有一位贵族翁难乙，是翁姓最古老的祖先。翁姓名人：清朝书法家翁方纲、诗人翁春。

陆游健身习武

陆游是南宋著名爱国诗人,一生创作了大量诗词,现存诗九千三百余首,词一百余首。他生活在金兵入侵、民族灾难深重的年代。为了实现收复失地的愿望,他很注重健身习武,曾千里投师学习剑术。由于他坚持锻炼,认真习武,所以他文武双全。

四十岁的陆游,曾经应邀到抗金前线南郑地区,帮四川宣抚使王贵打理军务,有一次在深山野林之中,一个人独剑杀死一只吊睛斑斓猛虎。

陆游的一腔爱国热情,一直受到投降派的压制和打击,心情十分苦闷,在他留下的大量诗词中,表露出了他的爱国

精神和壮志难酬的痛苦心情。但他仍然活到八十五岁高龄，这和他平时注重健身习武是分不开的。

陆游临死前，写了一首《示儿》，流传千古：

　　死去元知万事空，但悲不见九州同；
　　王师北定中原日，家祭无忘告乃翁。

知识

汉高祖刘邦

刘邦是汉朝的开国皇帝，是中国汉民族和汉文化伟大的开拓者之一，他对于汉族的发展以及中国的统一做出了突出贡献。"汉族"的"汉"，就是由此而来。

公元前206年10月，刘邦军进驻咸阳，秦王子婴向刘邦投降，秦朝灭亡。后来，刘邦在楚汉战争中打败了西楚霸王项羽，统一了天下，建立汉朝。

竹林七贤

"竹林七贤"是指魏末晋初的七位名士。嵇康、阮籍、山涛、向秀、刘伶、王戎及阮咸七人，他们常在当时的山阳县（今河南辉县、修武一带）竹林之下，喝酒、纵歌、肆意酣畅。

荀羊於惠，甄曲家封。

渊源

【荀】黄帝时，有个大臣叫荀始，专门负责制作大小官员的官帽。其后代以祖父名字为氏，称荀氏。荀姓名人：战国时思想家荀况、东汉经学家荀爽、东汉史学家荀悦。

【羊】春秋时晋国大夫祁盈之后，被封于羊舌，其后代为羊舌氏，后去舌为羊氏。羊姓名人：南朝宋书法家羊欣。

【於】黄帝时有臣子名於则，发明了用麻编织的鞋子，结束了古人光脚走路的历史，被封于於，於则的子孙后代以封地名为姓，称为於氏。於姓名人：南宋画家於清言、明代画家於竹屋。

【惠】周朝时，有个君主叫姬阆，死后谥号为"惠"，史称周惠王，其后代子孙以祖上的谥号为姓，称为惠姓。惠姓名人：战国名家惠施、清代经学家惠周惕、惠士奇。

【甄】上古时候，舜的子孙在甄城做甄官，掌管制陶业，他的后代便以这一官名为姓，称为甄姓。甄姓名人：北周数学家甄鸾、隋唐年间医学家甄权。

【曲】晋穆侯封其少子成师于"曲沃"，成师的支孙以封地名作为姓氏，为曲沃氏，后来又改为单姓曲。曲姓名人：汉代太守曲谦、宋代将领曲珍。

【家】周孝王之子姬家父，其后裔子孙中，有的以先祖名字为姓氏，称家氏。家姓名人：宋代文学家家定国、宋末大学士家铉翁。

【封】夏朝时，钜的后代被封在"封父"，周代时，封父国灭亡，其国人分为两姓，一为封父姓；一为封姓。封姓名人：三国时魏国道士封衡、后魏尚书封肃。

品 故事

甄邵卖友受惩

汉朝的时候，有一个颍川人叫甄邵，靠贿赂大将军梁冀被任命为县令。

甄邵有个同学，说话不谨慎，得罪了梁冀，梁冀要捉拿他。他从洛阳逃到甄邵这里投奔他。甄邵假意接待他，却暗地里派人去报告梁冀，梁冀立即派人来把他那个同学抓去杀害了。甄邵也因此被提升为郡守。

后来，他的母亲死了，按照规定他应该辞官回乡，守孝三年。但他舍不得官位，便先将母亲的尸体偷偷埋在马棚里，想要悄悄发丧。

再后来，他升官到了洛阳，路上被大臣李燮遇上了。李燮叫吏卒把他的车子推到了沟里，将他痛打一顿，并且用一块布帛写上"谄贵卖友，贪官埋母"八个大字，挂在他的背上。随后将他的罪行奏明皇帝。皇帝下旨，终生不再任用甄邵。

ruì yì chǔ jìn　jí bǐng mí sōng
芮羿储靳，汲邴糜松。

渊源

【芮】周朝时，良夫被分封到芮，称为芮伯。芮伯的后代建立了芮国，后被并入晋国，其后代保留了姓氏，被称为芮姓。芮姓名人：宋代名士芮烨、明代知府芮麟。

【羿】上古时，后羿当上部落首领之后不久就为家臣所害。他的后代都以他的名为姓，称为羿氏。羿姓名人：明代知县羿忠。

【储】相传上古时有储国，储国人的后代以国号"储"为姓，称储氏。储姓名人：唐代诗人储光羲、宋代学者储用。

【靳】战国时期，大夫尚被分封到"靳"，称为靳尚。靳尚死后，他的后代以封地作为姓氏，称作靳姓。靳姓名人：汉代建武侯靳歙、宋代学者靳裁之、明朝文士靳贵。

【汲】春秋时，卫宣公的太子居住在汲，称为太子汲，他的后代便以汲为姓。汲姓名人：汉代大臣汲黯、北魏官员汲固。

【邴】春秋时，晋国大夫邴豫的封地在邴，他的后代就用祖先的封地"邴"作为自己的姓氏。邴姓名人：战国时期赵国建筑学家邴辅、东汉名士邴原。

【糜】春秋战国时，楚国有大夫受封在南郡糜亭，其后世子孙以封地名为氏，称糜氏。糜姓名人：三国时吴国经学家糜信、蜀汉文臣糜竺。

【松】相传为秦始皇所封。秦始皇避雨松树下，封松为五大夫，当地人乃以松为姓。松姓名人：明代盐官松冕、清代闽浙总督松寿。

故事

后羿射日

在上古尧帝的时候，有一个神话故事。当时天上有十个太阳同时出现，把土地都烤焦了，庄稼也枯干了，人们热得喘不过气来，倒在地上昏迷不醒。因为天气酷热的缘故，一些平时没有见到的怪禽猛兽，也都从干涸的江湖和火焰似的森林里跑了出来，在各地残害人民。

人间的灾难惊动了天上的神，天帝命令善于射箭的后羿下到人间，帮助人们去除灾难。后羿拿着红色的弓，取出白色的箭，一连射下九个太阳，从此天气不热了，地上气候适宜，万物得以生长。

再后来，他又到全国各地去射杀猛兽毒蛇，为民除害。人们为了纪念后羿的功劳，就敬奉他为"箭神"。

jǐng duàn fù wū　　wū jiāo bā gōng
井段富巫，乌焦巴弓。

渊源

【井】春秋时，虞国有个大夫被封到井邑，称为井伯。他的后代就用封邑名"井"作为自己的姓氏。井姓名人：清代书画家井玉树、诗人井在。

【段】周朝时，共叔段的一部分后代以段为姓。段姓名人：西燕大将段随、清代学者段玉裁。

【富】春秋时期，周襄王大夫富辰是周天子的亲戚，他的后代有的以其名字为姓，称富氏。富姓名人：五代画家富玖、北宋大臣富弼、元代诗人富恕。

【巫】巫是中国古代一种专门从事祈祷、占卜活动的职业，巫人的后代中有以官职为姓氏的，称为巫氏。巫姓名人：上古时代医学家巫咸、巫妨、隋代名士巫罗俊。

【乌】上古时期有乌鸟氏的官名，负责掌管高山丘陵，其后人便去点姓乌，称乌氏。乌姓名人：秦国勇士乌获。

【焦】西周初期，周武王封神农氏后代裔孙于焦，建立焦国，春秋时被晋国所灭，其后代以国名为姓，遂为焦氏。焦姓名人：西汉名士焦延寿、三国时魏国隐士焦先、明代学者焦竑。

【巴】周朝时，巴子国国君的后代，就用原来的国名"巴"作为自己的姓氏，称巴氏。巴姓名人：战国时巴国将军巴蔓子、东汉名士巴肃、清代书画家巴慰祖。

【弓】上古时期，主管制造弓弩的官叫弓正。其子孙后代也以弓为姓，称弓氏或弓正氏。弓姓名人：汉代光禄大夫弓祖、唐代诗人弓嗣初。

品 故事

段祺瑞一生清俭

段祺瑞是民国时期的"北洋三杰"之一。他一生正直、清廉，颇有操守。

九一八事变后，段祺瑞率先拒绝与日本人来往，是一名爱国人士。

段祺瑞身居高位，但他常说，孩子们应该靠自己，从最底层做起，一步步上升，不能一下子做高官。当时，他的儿子正在求职，他拒绝给他安排任何职位，受到当时人们的称赞。

每逢过节，给段祺瑞送礼的人络绎不绝，但段祺瑞只是在每人的礼品中挑一样最不值钱的留下，其余的一概退回。

段祺瑞吃素，三餐基本都是米粥、馒头、素菜，四季衣着全是布制，仆人的数量也一降再降。1934年春天，段祺瑞身体虚弱，医生家人纷纷劝他开荤，以加强营养，可段祺瑞断然拒绝说："人可死，荤绝不能开！"

mù kuí shān gǔ　chē hóu fú péng
牧隗山谷，车侯宓蓬。

渊源

【牧】春秋时期，周武王的同母少弟、卫国大夫康叔被封于牧，他的子孙后代就以封地名作为姓氏，称为牧氏。牧姓名人：春秋时鲁国贤人牧仲、明代官员牧相。

【隗】商朝时，夏朝王族的后代被封到隗邑，建立了大隗国，春秋时期被楚国所灭，其后世子孙以原国名为氏，称为隗姓。隗姓名人：东汉西州名将隗嚣、晋代术士隗炤。

【山】上古时期，炎帝出生于烈山，故号烈山氏，他的后代有的就用"山"作为姓氏。山姓名人：晋代竹林七贤之一山涛、文学家山简。

【谷】秦国的君主非子，居住于秦谷，他的后代分为两支，一支为秦氏，另一支为谷氏。谷姓名人：汉代大司农谷永、唐代谏议大夫谷那律。

【车】黄帝时期，有一个臣子叫车区，会占卜，他的后代就以车为姓。车姓名人：西汉大臣车顺、北魏大臣车路头、宋代经学家车垓。

【侯】仓颉是黄帝的史官，他姓侯冈氏，他的一支后代便以侯为氏。侯姓名人：西汉文学家侯芭、唐代道人侯道华。

【宓】远古时候有个部落首领叫伏羲。伏姓也叫宓姓，两者相通。宓姓名人：伏羲之女宓妃、春秋时期鲁国单父侯宓不齐。

【蓬】西周时期，周天子封支子于蓬州，建立了蓬国。其后代就以国名为姓氏，称为蓬氏。蓬姓名人：后汉时隐士蓬萌。

侯宝林抄书

侯宝林是我国的相声大师。他只上过三年小学，就因为穷困失学了。

有一次，他想要买一部明代的笑话书《谑浪》，可跑遍了北京城所有的旧书摊也未能如愿。后来，他得知北京图书馆有这部书，就决定把书抄回来。

时值冬天，他顶着狂风，冒着大雪，一连十八天都跑到图书馆里抄书，一部十万多字的书，终于被他抄录到手。

就是凭借着这种精神，侯宝林一生勤奋好学，艺术水平达到了炉火纯青的地步，成了著名的相声表演艺术家。

全郗班仰，秋仲伊宫。

渊源

【全】出自泉姓。西周时有泉府之官，掌管货币交流和集市贸易。泉府官的后人以官职为姓，称为泉姓，后改全姓。全姓名人：三国时吴国太守全柔、南朝医学家全元起、明代学者全整。

【郗】周朝时，苏忿生的庶子受封于郗邑，他的后人就以封邑为姓，称为郗姓。郗姓名人：东晋将领郗鉴、东晋大臣郗超、唐代节度使郗士美。

【班】春秋时期，相传令尹子文是吃虎乳长大的，因虎身有斑纹，其后代就以"斑"为姓氏。"班"和"斑"通用，后改成"班"。班姓名人：《汉书》班固、东汉大将班超。

【仰】上古时期，虞舜为帝时有大臣仰延。仰延精通音乐，他的后人以祖上的字为姓，遂成仰姓。仰姓名人：宋代孝子仰忻、明朝著名刑官仰瞻。

【秋】春秋时，有个叫湫胡的，在陈国当卿士，其子孙以祖父之字去水为秋姓，称为秋氏。秋姓名人：清末女革命家秋瑾。

【仲】上古时期，仲堪、仲熊两兄弟的后代，以祖上名字的"仲"字为姓，遂成仲氏。仲姓名人：孔子的得意弟子仲由、北宋画家仲仁。

【伊】商朝大臣伊尹，曾居伊川，他的子孙，以其居住地名"伊"为姓。伊姓名人：三国时期蜀国大臣伊籍、清代书法家伊秉绶。

【宫】春秋时，虞国有个大夫叫宫之奇，他的后代以"宫"为姓。宫姓名人：东汉道术家宫崇、明代将军宫聚、清代诗画家宫国苞。

故事

不入虎穴，焉得虎子

东汉时，汉明帝召见班超，派他到新疆去和鄯善王交朋友。班超带着一队人马，不怕山高路远，历经艰难困苦，千里迢迢来到新疆。鄯善王听说班超出使西域，亲自出城迎候，还把班超奉为上宾。班超向主人说明来意，说汉明帝要与他和平共处，鄯善王很高兴。

过了几天，匈奴也派使者来和鄯善王联络感情。鄯善王热情款待他们。匈奴人在鄯善王面前，说了东汉许多坏话。鄯善王顿时黯然神伤，心情大坏。

第二天，他拒不接见班超，态度十分冷淡，甚至还派兵监视班超。班超立刻召集大家商量对策。班超说："只有除掉匈奴使者才能消除鄯善王的疑虑，两国和好。"可是班超他们人马不多，而匈奴兵强马壮，防守又十分严密。

班超说："不入虎穴，焉得虎子！"这天深夜，班超带了士兵潜到匈奴营地。他们兵分两路，一路拿着战鼓躲在营地后面，一路手执弓箭刀枪埋伏在营地两旁。他们一面放火烧帐篷，一面击鼓呐喊。匈奴人大乱，结果全被大火烧死，乱箭射死。

鄯善王得知班超杀死了匈奴使者，心里畏惧，便又和班超言归于好了。

níng qiú luán bào　　gān tǒu lì róng
宁 仇 栾 暴，甘 钭 厉 戎。

渊源

【宁】春秋时期，秦国秦襄公的曾孙去世后谥号为"宁"，其子孙有的以"宁"为氏，世代相传。宁姓名人：春秋时卫国大夫宁俞、唐代史学家宁原悌、元朝将军宁玉。

【仇】夏代时，九吾氏为诸侯，商代立国号九，商末九吾氏被追杀。其族人避居各地，不少人加人字边为仇姓。仇姓名人：宋代名人仇博、明朝著名画家仇英。

【栾】西周时，晋靖侯的孙子名宾，被封于栾邑，他的后代于是以封地名为姓氏，称栾氏。栾姓名人：春秋时晋国名将栾书、西汉相国栾布。

【暴】东周时，王族大夫辛被封在暴邑，建立暴国，春秋时暴国并入郑国，其国民以原国名为姓，称暴姓。暴姓名人：战国时韩国相国暴谴、北齐大将军暴显、明朝名臣暴昭。

【甘】夏朝时，有诸侯国甘国，其君主家族在亡国后散居各地，以原封国名为姓，成为甘姓。甘姓名人：战国时期神童甘罗、三国时期吴国大将甘宁。

【钭】战国时，齐国的国君康公被放逐到海上，以酒器钭做釜锅烹煮食物。后来，其支庶子孙以酒器钭为姓，称为钭氏。钭姓名人：宋代大臣钭滔。

【厉】周宣王时，齐国君主姜无忌去世，谥号为"厉"，史称齐厉公。齐厉公的直庶子孙以谥号为姓，称为厉氏。厉姓名人：唐代诗人厉玄、宋代好官厉汪、清代学者厉鹗。

【戎】周朝时有戎国，为齐国的附庸国。戎国灭亡后，其后代以国名为姓，称为戎氏。戎姓名人：汉初功臣戎赐。

故事

宁越苦读

宁越是战国时期中牟人，世代以种田为生，但他感到种田太辛苦，每日要不停地劳作、忙碌。

于是宁越便问他的朋友："怎样才能免除种田的辛苦呢？"他的朋友说："如果你能立志求学，苦读三十年，就不用再种田了。"他说："那别人休息的时候，我不休息，别人睡觉的时候，我不睡觉，我苦读十五年的话，应当有所成就吧！"

于是他真的刻苦读书十五年，因为博学多识，被周成公聘为老师，实现了他的愿望。

知识

《周易》的来由

相传在上古时，伏羲氏创造了先天八卦，神农氏创造了连山八卦，轩辕氏创造了归藏八卦，但因时间太久，都失传了。

商朝末年，姬昌被纣王囚禁在狱中，他面对着凶神恶煞般的卫兵，冒着随时被杀头的危险，历经磨难，演绎出了后天八卦，史称《易占》。到春秋时期，圣人孔子对其进行了整理，形成了最终的《周易》，包含《易经》和《易传》两部分。

《周易》在传统文化宝库中占有重要地位，被誉为群经之首。

zǔ wǔ fú liú jǐng zhān shù lóng
祖武符刘，景詹束龙。

知渊源

【祖】祖乙是商王中最有作为的帝王，他任用巫贤为相，励精图治，使商朝复兴，其后代以祖为姓。祖姓名人：晋朝大将祖逖、南朝时科学家祖冲之、唐代诗人祖咏。

【武】夏代的臣子武罗被封武罗国，后国亡，其后子孙以国名为氏，称武姓。武姓名人：商代国王武丁、女皇帝武则天、清代学者武亿。

【符】春秋时期，公雅任秦国的符玺令，他的子孙便以祖上官名符为姓。符姓名人：后晋名将符存审、清朝诗人符曾。

【刘】相传帝尧姓伊祁，他的子孙有一支以祁为姓，被封在刘国，后代称刘氏。刘姓名人：汉高祖刘邦、西汉经学家刘向、唐代文学家刘禹锡。

【景】据《百家姓考略》所记，春秋楚国大夫景差，其后人皆姓景。又据《姓氏考略》所记，战国时，齐景公的后人以景为姓。

【詹】周宣王封他的儿子于“詹”，称詹侯，建立詹国，其子孙以国名为氏。詹姓名人：战国时楚国术士詹何、南宋词人詹师文、近代铁路工程学家詹天佑。

【束】王莽末年，孟达避难逃至东海沙鹿山，改姓束，自此出现了束姓。束姓名人：西晋文学家束皙、元代画家束宗庚。

【龙】龙是舜的大臣，专管出纳，他的子孙以官职名龙为氏。龙姓名人：秦末西楚大将龙且、清代戏曲家龙燮。

故事

刘备三顾茅庐

东汉末年，天下大乱。刘备势力单薄，只能暂时投奔荆州刘表。为了日后成就大业，他留心访求人才，后听徐庶和司马徽说诸葛亮很有学识，能治国安邦，就和关羽、张飞到隆中卧龙岗去请诸葛亮出山。

第一次，诸葛亮外出访友，刘备只好失望而回。

第二次，刘备又和关羽、张飞冒着大风雪去了，不料诸葛亮又出外闲游去了。刘备只好留下一封信，表达自己想请他出山的愿望。

第三次，刘备斋戒三天之后，准备再去请诸葛亮。关羽说诸葛亮也许是徒有虚名，未必有真才实学，不用去了。张飞却主张由他一个人去叫，如他不来，就用绳子把他捆来。刘备把他们责怪了一番，再次一起来到隆中。他们到达时已经是中午，诸葛亮正在睡觉。刘备不敢惊动他，一直站到诸葛亮醒来，才彼此坐下谈话。

诸葛亮在茅庐中和刘备共同探讨时局，分析形势，设计如何夺取政权统一天下的方略。刘备大为叹服，愿拜诸葛亮为军师，请他出山相助，重兴汉室。

诸葛亮深为刘备"三顾茅庐"的诚意所打动，答应了刘备的请求，出山帮助刘备建立了蜀汉政权。

叶 幸 司 韶, 郜 黎 蓟 薄。
yè xìng sī sháo, gào lí jì bó

渊源

【叶】颛顼的后裔叶公，被楚惠王任命为叶邑长官，其后代以封地"叶"为姓。叶姓名人：宋代著名画家叶仁遇、现代著名作家叶圣陶。

【幸】偃因镇守朔北雁门有功，被周成王赐为"幸"姓，史称偃公，故偃公是幸氏的始祖。幸姓名人：晋代术士幸灵、唐代学者幸南容、南宋大臣幸元龙。

【司】神农为上古部落首领时，有一位专事占卜的大臣名司怪，其后代子孙以司为姓，称司氏。司姓名人：晋国卿士司臣、元朝官员司居敬。

【韶】上古舜帝时，他的一名乐官作了一首名叫《韶》的曲子，这名乐官的后代以其祖上所作曲名为姓，称韶姓。韶姓名人：明朝官员韶护。

【郜】周文王的第十一个儿子受封于郜，称郜侯，建立郜国，春秋时被宋国所灭，其后世子孙就以国名为姓，称郜氏。郜又写作告。郜姓名人：元代诗人郜知章、清代旅游家郜琏。

【黎】九黎是上古时期很大的一支种族，曾被封为北正官，掌管民事，其后裔有的以黎为氏，称黎氏。黎姓名人：清代文学家黎恂、书画家黎简。

【蓟】西周初，周武王封黄帝的后人于蓟，建立蓟国，其后人以蓟为姓。

【薄】上古时有薄国，相传是炎帝后裔的封国，薄国的后世子孙以国名为姓，称薄姓。薄姓名人：刘邦的嫔妃薄姬、明代兵器制作专家薄珏。

品 故事

叶圣陶教育孩子

叶圣陶做小学教员时，有一次看到一个男孩举起一块大砖头，正要向另一个男孩砸过去，便赶紧上前制止了他，并让他到办公室去一下。

男孩惶恐不安地跟着叶圣陶来到办公室，已低着头准备接受一番"口水轰炸"的教育。

这时，叶圣陶不慌不忙地从口袋里摸出一颗糖，递到男孩面前。男孩迟疑地抬起头，一头雾水，而叶圣陶笑着说："这颗糖是奖励你对我的尊重，老师叫你来你就来了。"紧接着，又掏出第二颗糖，说："这颗糖是奖励你有正义感。刚才我问过了，你是因为那个男孩欺负别人，才对他举起砖头的……"这次，男孩害羞了，说："老师，即使他欺负别人，我也不该用砖头……"叶圣陶微笑着，又掏出第三颗糖："这颗糖，是奖励你知错就改！"

男孩蹦蹦跳跳地走了，手心里攥着三颗甜蜜的糖。

印宿白怀，蒲邰从鄂。

渊源

【印】姬䢵（gǔn），字子印，其子孙在郑国为卿大夫，其后代便以祖字为姓，称为印姓。印姓名人：南宋抗元名将印应雷、明朝官吏印宝。

【宿】远古伏羲氏的后人被封于宿，建立宿国。其公族后代便以国名为姓，称宿姓。宿姓名人：孔子七十二贤之一宿伯、后魏吏部尚书宿石。

【白】熊胜被楚惠王封在白邑，称为白公胜，其子孙便以祖辈封邑名为氏，称白氏。白姓名人：战国时秦国大将白起、唐代杰出的诗人白居易、宋代名士白玉蟾。

【怀】西周初，周武王封叔虞于怀邑，叔虞的子孙，有的就以原封邑怀为姓，称怀氏。怀姓名人：元代镇国上将军怀都，明代司礼监怀思。

【蒲】相传夏朝时舜帝的子孙被封在蒲坂，于是他的子孙就把封邑名"蒲"作为自己的姓氏。蒲姓名人：三国时蜀国大臣蒲元、清朝文学家蒲松龄。

【邰】后稷是帝尧的农官，因治理农业有功，尧就封他为邰国的国君，从此便有了邰姓。邰姓名人：明代制墨家邰格之、明代著名孝子邰茂质。

【从】精英被父亲周平王封在枞国，称枞侯，枞侯的后代就以国名枞为氏，汉代以后，去木旁为从氏，才有了从姓。从姓名人：北宋大学士从嵩，明代名将从一彪。

【鄂】鄂国在夏商时是诸侯国，商末，鄂侯在朝中为大臣，被纣王杀死。后来鄂侯的子孙后代以国名为姓，称为鄂姓。鄂姓名人：汉朝开国功臣鄂千秋。

故事

蒲松龄设茶摊换故事

蒲松龄出生在明末清初，他刻苦好学，但每次科考都不中，很不得志。

蒲松龄为了维持生计，就在马路旁设置了一个茶摊，靠卖茶水为生。后来，他发现来茶摊喝茶的人经常会聊一些有意思的故事或传闻，于是就暗暗记下来，作为创作的素材。

为此，他还用硬纸板写了个招牌，声明只要在喝茶时讲个故事或奇闻逸事，就不收茶钱。这么一来，来他茶摊喝茶的人越来越多。这些人有的是听说他在收集故事和传闻，就

专门来讲给他听的；有的是喜欢听故事的人来这里听故事，即使花几文茶钱也觉得开心。当然也有胡侃乱说一通的，为的是省下几文茶钱。

蒲松龄按照自己的创作思路，把这些故事进行润色、提炼、加工写成小说。这项工作一直坚持了近二十年，终于完成了他的《聊斋志异》。

知识

墨　子

墨子（公元前468年—公元前376年），名翟(dí)，春秋末战国初期鲁国人，战国时期著名的思想家、教育家、科学家、军事家。

墨子是墨家学派的创始人，后来他的弟子收集墨子语录，完成《墨子》一书传世。他提出了兼爱、非攻、尚贤、尚同、节用等观点，创立了墨家学说。

墨子精通手工技艺，能与当时的巧匠公输班（鲁班）相比。他又擅长防守城池，据说他制作守城的器械非常高明。又因他自称是"鄙人"，所以被人称为"布衣之士"。

suǒ xián jí lài　zhuó lìn tú méng
索咸籍赖，卓蔺屠蒙。

渊源

【索】索氏是殷商七族之一，后来定居在鲁国。索姓名人：东汉大臣索班、西晋书法家索靖、五代后唐大臣索自通。

【咸】商代时，有一个贤臣名咸，因为以卜祝巫事为职业，故称咸巫，其后代以祖先名字为姓，称咸氏。咸姓名人：战国时亚圣孟子的得意门生咸丘蒙、明代鸿儒咸唯一。

【籍】春秋时期，晋国有个公族叫伯黡，专门负责管理晋国典籍的事情，他的后代中有的用籍作为姓氏，称为籍氏。籍姓名人：春秋晋国大夫籍谈、西汉时大臣籍孺。

【赖】周武王的弟弟叔颖被封于赖国，后被楚灵王所灭，其后代以国名为氏。赖姓名人：唐代进士赖裴、明代画家赖镜。

【卓】黄帝之三十六世孙楚威王的后代卓滑，他的后代以祖名为姓。卓姓名人：西汉才女卓文君、汉代学者卓茂、明末清初戏曲作家卓人月。

【蔺】春秋时，韩康在赵国为官，得到蔺作为封邑，他的后世子孙便以封邑为姓，称蔺姓。蔺姓名人：战国时赵国上卿蔺相如、唐代医僧蔺道人、民国诗人蔺欣。

【屠】九黎族被黄帝炎帝消灭后，归顺的一部分族人定居在屠地，其后代便以地名为姓，称为屠姓。屠姓名人：明代戏剧作家屠隆、吏部尚书屠侨。

【蒙】周朝时期，有官职名为东蒙主，职责为管理、主持祭祀蒙山。这位官吏的后代世世代代居住在蒙山，并且以山名为姓，形成蒙姓。蒙姓名人：秦朝著名将领蒙骜、蒙武、蒙恬。

故事

完璧归赵

战国时期,赵王无意间得到了一块宝玉"和氏璧"。秦王听说后,想要据为己有,于是就派人到赵国,对赵王说,秦国愿意以十五座城池与赵国交换。赵王心里非常舍不得,但又害怕得罪秦王,伤透了脑筋。

大臣蔺相如知道了这件事以后,就自告奋勇,带着和氏璧出使秦国。他知道秦王虽然喜欢这块玉,其实根本不想用十五座城池来交换,交换城池只是一个借口。

到了秦国后,蔺相如当面指出秦王没有诚意,然后抱着和氏璧,大声对秦王说:"如果大王您不顾信用,想要抢我手上这块宝玉,我就一头撞到皇宫的柱子上,宝玉也一定会一起碎掉!"

秦王听了,虽然很生气,但怕他真的会撞上柱子而损坏宝玉,因此不敢轻举妄动。

后来,蔺相如暗中派人连夜把和氏璧送回了赵国。秦王虽然心中不满,但知道自己的行为不够光明正大,只好把蔺相如放了。

池乔阴郁，胥能苍双。

渊源

【池】战国时期，秦国有个公子名池，人称公子池，在朝廷任大司马，他的后代中有的以他的名字为姓。池姓名人：明朝进士池裕得、清代国子监司业池生春。

【乔】相传黄帝死后葬于桥山，子孙中有留在桥山守陵的，这些人便以山名为姓，称为桥氏，后去掉桥的木字边，变成乔氏。乔姓名人：唐代宰相乔林、元代散曲家乔吉。

【阴】管仲的七世孙名修，自齐国逃到楚国，被封为阴邑大夫，又被称为阴修，其后世子孙便以封邑为姓，称阴氏。阴姓名人：南朝陈文学家阴铿、明朝大学问家阴秉衡。

【郁】上古时期有国名郁国，其后裔以国名为姓氏。郁姓名人：春秋时鲁相郁贡、宋代名医郁继善、现代散文家郁达夫。

【胥】相传炎帝部落中有一支族人叫赫胥氏，其后代以"胥"作为姓氏，世代相传。胥姓名人：金朝吴国公胥鼎、明朝文官胥必彰。

【能】周成王时期，熊挚的后代为了避难，将姓氏改为能，并世代相传，成为今天的能姓。能姓名人：明代良臣能监、宋代名医能自宣。

【苍】仓颉的后裔子孙以先祖名字为姓氏，称仓颉氏、苍颉氏，后简化为单姓仓氏、苍氏。苍氏名人：上古高阳氏八才子之一苍舒、汉代江夏太守苍英。

【双】夏朝时，颛顼帝的后代受封于双蒙城，其后代有的以双为姓，有的以蒙为姓。双姓名人：唐代名吏双子符、宋代朱熹的学生双渐。

品 故事

"快、短、命"

有一次，郁达夫受到邀请，到某大学去演讲文艺创作。他一上讲台，就在黑板上写了"快、短、命"三个大字。

台下的听众都觉得很奇怪，他接着说："本人今天要讲的题目是《文艺创作的基本概念》，黑板上的三个字就是要诀，"快"就是痛快；"短"就是精简扼要；"命"就是不离命题。演讲和作文一样，也不可以说得天花乱坠，离题太远。演讲完了，谢谢。"

郁达夫从在黑板上写字，到说完话，总共用了不到两分钟，也正好配合了他所说的三原则——"快、短、命"。

wén shēn dǎng zhái　　tán gòng láo páng
闻莘党翟，谭贡劳逄。

渊源

【闻】春秋时，少正卯博学多识，远近闻名，所以被誉为"闻人"，他的后代有的改为闻人氏，后有一部分人改为单姓闻，为闻姓。闻姓名人：宋代画家闻秀才、现代著名诗人闻一多。

【莘】启的儿子于莘地建立了莘国，后来莘国灭亡，他的后代就以国名为姓，称作莘氏。莘姓名人：清代书画家莘开。

【党】春秋时期，晋国公族大夫封邑于上党，于是他的子孙后代就以"党"作为他们的姓氏。党姓名人：金朝文学家党怀英、宋朝武将党进、清朝名士党湛。

【翟】晋国进攻赤狄，灭掉翟国，后来翟人大多沦为晋国臣民，其后代便以原国名为姓，称翟姓。翟姓名人：战国时魏国大臣翟璜、隋末农民起义军瓦岗军首领翟让。

【谭】春秋初期，齐桓公称霸诸侯，吞并了谭国，留在故国的子孙就以国名为氏，称谭氏。谭姓名人：明代抗倭名将谭纶、清末改良派政治家谭嗣同。

【贡】起源于端木氏，孔子的弟子子贡本名端木赐，字子贡，他的后世子孙中有一部分人以"贡"作为自己的姓氏。贡姓名人：西汉大臣贡禹、元代文学家贡师泰。

【劳】崂山在古代的时候称为劳山，汉王朝赐居住在崂山的人为劳姓。劳姓名人：唐代贤士劳夷、宋代良臣劳因。

【逄】商代封炎帝的后代陵于"逄"，建立了逄国，逄国后人以国名作为姓氏，称为逄氏。逄姓名人：春秋时期晋国大夫逄滑、东汉大司马逄安。

故事

门可罗雀

西汉时期，邽（guī）县有一个叫翟公的人。

翟公在汉武帝的时候被任命为廷尉。廷尉是当时的最高法官，权势很大，因此拜访的人非常多，每天来来往往，络绎不绝。

后来，翟公的官职被罢免，于是门外便冷冷清清的，都可以捕麻雀了，连以往很好的朋友都不再来了。

又过了几年，翟公官复原职，又有些人想来投靠。于是，翟公就在大门上写了几个字："一死一生，乃知交情。一贫一富，乃知交态。一贵一贱，交情乃见。"

后来"门可罗雀"这个词就被用来形容门庭冷落的意思。

jī shēn fú dǔ　rǎn zǎi lì yōng
姬申扶堵，冉宰郦雍。

渊源

【姬】传说黄帝降生在一条叫作"姬"的河边，于是形成了姬姓，姬姓是中国最古老的姓氏之一。姬姓名人：周朝的建立者姬昌、周武王姬发、明朝文官姬敏。

【申】上古周朝时，有一个叫申吕的，被封于申，建立了申国，他的子孙便以国名为姓，世代相传。申姓名人：春秋时楚国大夫申包胥、战国时韩国宰相申不害。

【扶】大禹的手下有个叫扶登氏的大臣，扶登氏的后代以扶为姓氏。扶姓名人：汉代廷尉扶嘉、汉代学者扶卿、扶少明。

【堵】春秋时期，郑国有大夫洩寇被封于堵，他的后世子孙就以封邑名"堵"为姓。堵姓名人：元代诗人堵简、清代女诗书画家堵霞。

【冉】周文王第十子季载，被封于冉，春秋时灭于郑，子孙以国名为姓氏，为冉姓。冉姓名人：孔子弟子冉季、唐代大臣冉安昌。

【宰】春秋时期，周公孔曾经在周朝任太宰，人称宰孔，其后世子孙就以"宰"作为姓氏。宰姓名人：春秋时期齐国的大夫宰予、明朝大孝子宰应文。

【郦】夏王禹封黄帝后人涓于郦邑，建立郦国。春秋中期，郦国被晋国攻灭，后世以原国名为姓，称为郦姓。郦姓名人：北宋功臣郦斌孙、金代诗人郦权、明代学者郦光祖。

【雍】西周初年，周文王的第十三个儿子，被封于雍地，人称雍伯，其后人以国名为氏，称雍氏。雍姓名人：刘邦大将雍齿、唐代诗人雍陶、宋朝画家雍献。

故事

雍齿封侯

汉朝刚建立的时候,汉高祖刘邦开始论功行赏。刘邦要封给张良三万户作为奖赏。张良说不敢承受三万户,只要给我一个县就行了。于是刘邦就封张良为留侯,同萧何等人一起受封。

此时,刘邦已经封赏大功臣二十多人,其余的人日夜都在争功,不能决定高下,还未能进行封赏。刘邦看到将领们常常一起讨论,就问张良:"这些人在说什么?"张良说:"陛下不知道吗?这是在商议谋反呀。"刘邦问:"天下刚刚安定,为什么还要谋反呢?"张良回答:"陛下现在封赏的都是你的亲信,杀死的都是你的仇人,如今军官们都在计算功劳,想要封赏,又怕被陛下抓住以前的过失杀头,所以就聚在一起有所密谋了。"

刘邦忧心忡忡地说:"这件事该怎么办呢?"张良说:"陛下最憎恨的,又是群臣都知道的人是谁呢?"刘邦说:"雍齿与我有宿怨,多次在众人面前羞辱我,我原想杀掉他,因为他的功劳多,所以不忍心。"张良就说:"那现在就赶紧先封赏雍齿来给群臣看看吧!"

于是刘邦马上摆酒设宴,封雍齿为什方侯,并安慰众人一定会论功行赏。群臣吃过酒后,都高兴地说:"雍齿都被封侯了,那我们还有什么可担忧的呢?"

xì　qú　sāng　guì　　pú　niú　shòu tōng
郤璩桑桂，濮牛寿通。

渊源

【郤】春秋时期，晋献公给公族子弟姬叔的封地在郤，其后代以封邑名为姓。郤姓名人：春秋时期晋国大夫郤芮、郤缺、郤克、三国时期蜀汉大臣郤正。

【璩】卫国有一位有功的公族子弟被卫君封于蘧，为伯爵，史称蘧伯，蘧伯的后代以蘧为姓，因蘧与璩同音，后有璩姓。璩姓名人：三国时蜀汉太守璩正，明初民间刺绣艺术家璩贞女。

【桑】少昊因为居住在穷桑，所以又号穷桑氏。他子孙的一部分以他的号作为姓氏，称穷桑氏，后简化为桑氏。桑姓名人：汉代大司农桑弘羊、《水经》作者桑钦。

【桂】出于炅氏，汉代炅横有四个儿子，家中有难，四子逃避，其中一子避居到幽州，改姓为桂。桂姓名人：明代重臣桂萼、清朝文字训诂学家桂馥。

【濮】虞舜为炎黄部落首领时，将他的子孙散封于濮地，其后代遂以地名为姓，形成濮姓。濮姓名人：明朝大将濮英、明末清初金陵派竹刻创始人濮澄。

【牛】微子有后人牛父，任宋国司寇，宋武公时为国而死，其子孙以牛为姓。牛姓名人：东汉名将牛邯、唐前期大臣牛仙客。

【寿】春秋时吴国自寿梦始。寿梦的支庶子孙，有的以祖先名字为姓，形成寿姓。寿姓名人：汉代学者寿良、汉代方士寿光侯。

【通】春秋时期，巴国有大夫受封于通川，后来他的后裔用封地作为姓氏，称通氏。通姓名人：清代诗画家通证、清代诗人通复。

故事

磨穿铁砚

五代时期，有一个读书人叫桑维翰，他长相丑陋，身短，脸长。不过他自认为"七尺之身，不如一尺之面"，立志要做宰相。

可是他参加考试的时候，因为主考官迷信，认为"桑"与"丧"同音不够吉利，而不予录取。

有人劝他放弃科举，不要走仕途了，可他第二次又去参加了考试，还写了《日出扶桑赋》，大赞扶桑，结果又没被录取。

于是，桑维翰定制了一块铁砚，说只有磨穿它后才去想别的办法做官。后来他终于得到推荐，在几年后被录取了。

biān hù yān jì　jiá pǔ shàng nóng
边 扈 燕 冀， 郏 浦 尚 农。

渊源

【边】商代有诸侯国边国，为伯爵，称边伯，其后代以边为氏。边姓名人：后汉尚书令边韶、南唐大将边镐。

【扈】夏朝时，大禹的后人扈氏，受封于扈，建立扈国，其后也子孙以扈为氏。扈姓名人：后晋翰林扈载、南宋将领扈再兴。

【燕】周武王灭商后，封召公奭于燕，建立燕国，后燕国被秦所灭，燕国子孙以原国名为姓，称燕姓。燕姓名人：孔子七十二贤之一燕伋、北宋画家燕文贵。

【冀】西周时，唐尧的后代有被封在冀国的，后冀国被虞国所灭，冀国的公族后代便以原国名为姓，称冀姓。冀姓名人：北周大将军冀俊、清代学者冀如锡。

【郏】周成王姬诵定鼎于郏鄏，于是他的子孙改为郏姓。郏姓名人：春秋时楚国王孙郏敖、北宋著名水利学家郏亶。

【浦】春秋时期，姜太公的后人有奔于晋国的，后被封于浦，于是其后代以浦作为姓氏，称为浦氏。浦姓名人：三国时期魏国学者浦仁裕、明代画家浦源。

【尚】姜子牙又名姜尚，他帮助周文王、周武王完成大业后功成身退，隐居而改姓为尚。尚姓名人：清初藩王尚可喜、京剧四大名旦之一尚小云。

【农】西周初年，周武王封神农氏后人入朝为农正官，职掌农业生产和祈祷丰年等事务，他的后人就以农为氏。农姓名人：明代名儒农益、农志科。

品 故事

燕伋办学

燕伋是孔子门下七十二贤之一。他二十二岁的时候,遵照父亲的遗愿,不远千里,到孔子门下求学。

燕伋跟随老师孔子及同学,一起周游列国,考察当时社会的吏制和道德规范,并传播儒家学说。

这样经过了五年,二十七岁的燕伋回到家乡,过了八年耕读生涯;三十五岁时又去齐国,跟随老师孔子读书考察,随孔子游览了齐桓公庙,瞻仰了一代霸主齐桓公的画像,开阔了眼界,增长了见识与学问。

就这样,四十岁的燕伋再次回到了家乡,创办学校,教书育人,传授儒家学说。

wēn bié zhuāng yàn　　chái qú yán chōng
温别庄晏，柴瞿阎充。

渊源

【温】西周时，唐叔虞的后代被封于河内温，其后世子孙便以封地名为姓，称温姓。温姓名人：东晋名臣温峤、唐代词人温庭筠。

【别】古代封建宗法制度中，次子以下为小宗，小宗的又次子称之为别子，有些别子的后人以"别"为姓。别姓名人：唐代牙将别惨、宋朝清官别之杰。

【庄】楚国君王芈旅去世后，谥号为"庄"，即历史上的楚庄王。其子孙以祖上谥号为姓，成为庄氏。庄姓名人：战国时期思想家庄周（庄子）、西汉道家庄忌、明代大臣庄际昌。

【晏】上古尧时期有个大臣叫晏龙，据说是掌管音乐的大臣，为历史上最早的晏姓人物。晏姓名人：春秋后期政治家晏婴、北宋词人晏殊、晏几道。

【柴】孔子有个学生叫高柴，高柴的一个孙子以祖父的名字为姓，叫柴举，其后代皆姓柴。柴姓名人：五代后周世宗柴荣。

【瞿】商代有一大夫功，因受封于瞿上，而得名瞿父，其子孙后代以祖上名字为姓，形成瞿姓。瞿姓名人：明初文学家瞿佑、明代理学家瞿九思。

【阎】周武王时，封太伯的曾孙仲奕于阎乡，仲奕的后代便以封地阎作为姓氏。阎姓名人：东汉安帝皇后阎姬、唐代著名画家阎立本、宋时名臣阎承翰。

【充】周朝时，专门负责饲养祭祀用的牲畜，有世袭"充人"一职的，其后代以官职名为姓，称充氏。充姓名人：战国时学者充虞、秦朝方士充尚。

故事

庄周梦蝶

庄周还是漆园吏的时候，有一天不知不觉睡着了，梦见自己变成了蝴蝶，在世间飞来飞去，感到非常愉快和惬意，而不知道自己原本是庄周。

突然间，庄周醒了过来，惊惶不定之间，才发现自己原来是庄周。

他想，不知是自己梦中变成了蝴蝶呢，还是蝴蝶梦见自己变成了庄周呢？

涸辙之鲋

有一年，庄周的家乡闹饥荒，于是他便去向监河侯借粮食。

监河侯说："可以啊，但要等到秋天我的租税收上来了，那时我可以借你三百斤。"

庄周很气愤，说："昨天在路上我碰见了一条鲫鱼，求我给它一瓢水活命，我答应它说我可以到南方去把西江的水引来救它。鲫鱼生气地说：'我现在已经快要渴死了，只要给我一瓢水就可以救活我，而你却要去千里之外取水，等你回来后，干脆到鱼铺去找我好了！'"

庄周的意思就是要用这个小故事告诉监河侯：远水解不了近渴，帮助别人要及时。

mù lián rú xí　huàn ài yú róng
慕连茹习，宦艾鱼容。

渊源

【慕】远古时，黄帝有个后代叫"封"，他到东北部建立了鲜卑国，取姓慕容，后来慕容姓有些后人简化为慕姓。慕姓名人：元代魏郡公慕完、清朝文士慕天颜。

【连】颛顼的曾孙陆终的第三个儿子名叫惠连，他的后代以连为姓，形成连姓。连姓名人：宋代清官连舜宾、清代学者连横。

【茹】北魏时郁久闾氏建立柔然国，柔然国也称作茹，其部族一部分入中原后，以茹为氏，称茹氏。茹姓名人：南朝齐权臣茹法亮、北魏文帝冠军将军茹皓、明朝大画家茹洪。

【习】春秋时期，有诸侯国习国，灭国后，其公族有的以原国名为姓，于是成为习姓。习姓名人：东汉襄阳侯习郁、东晋史学家习凿齿。

【宦】宦姓来源于仕宦，起初指做官，因此有人期望做官，即以"宦"为姓。宦姓名人：明朝名臣宦绩、清代进士宦绩。

【艾】夏朝时，有个大臣叫汝艾，其后人以艾为姓，成为艾姓。艾姓名人：宋朝画家艾宣、明朝学者艾南英。

【鱼】春秋时，宋襄公的弟弟公子目夷字子鱼，子鱼的后世子孙有一支以祖先的字为姓，称鱼姓。鱼姓名人：三国史学家鱼豢、唐代大宦官鱼朝恩。

【容】相传舜有八个儿子，都很聪颖精明，号称"八恺"，其中就有一个叫仲容，他的后代便以容作为姓氏。容姓名人：金朝知府容萱、清朝维新派容闳。

故事

连舜宾教子有方

北宋时期，连舜宾一家搬到了应山这个地方。连舜宾年少的时候乡试没有考中，于是便回家供养父母，再也不去考试了。

他的家庭虽然比较富有，可他的财产很多都用来救济老百姓。

空余的时间，连舜宾就专心来教育他的儿子连庶和连庠。他常常对别人说："我不要财产，教育好我的儿子就是最好的财产。儿子教育不好，有多少财产都没有用。"

后来他的两个儿子都中了进士，很有名气，人们对他俩都有很高的评价。因为清廉，大家都称其兄长为"连底清"，弟弟为"连底冻"，外号"应山二连"。

连舜宾死后，欧阳修为他撰写了《连处士墓表》，赞颂他的贤德。

xiàng gǔ yì shèn　gē liào yǔ zhōng

向古易慎，戈廖庾终。

姓氏渊源

【向】神农氏有裔孙名向，被封为诸侯，其后代子孙以向为姓，成为向姓。向姓名人：魏晋竹林七贤之一向秀、南宋名将向士壁。

【古】周朝时，武王得到了天下，尊古公亶父为周太王，其后代子孙有的以古为氏，称古姓。古姓名人：北魏灵寿侯古弼、唐朝诗人古之奇、明朝大臣古朴。

【易】周武王封姜太公的子孙于易地，这一部分姜尚的后代便以地名作为姓。易姓名人：宋代学者易充、北宋著名画家易元吉、明代著名学者易翼之。

【慎】春秋时期的禽滑厘是墨子的弟子，他的字为慎子，其后代便以他的字作为姓氏，形成慎氏。慎姓名人：战国时期韩国大夫慎到、北宋初期文士慎知礼、宋朝狂士慎东美。

【戈】寒浞杀死后羿当了国君，封他的一个儿子在戈国，后戈国的子孙以国名为姓，乃称戈氏。戈姓名人：明代著名画家戈汕、清代著名画家戈文。

【廖】颛顼帝有个后裔叫叔安，夏朝时被封于飂国，其后代以国名飂为氏，称廖（飂是古字）氏。廖姓名人：东汉学者廖扶、三国时蜀汉将军廖化、明代名儒廖谨。

【庾】周朝时，管理粮仓的官员叫庾廪，其后代以官名为姓，相传姓庾。庾姓名人：东晋名仕庾亮、北周文学家庾信。

【终】颛顼有个后代叫陆终，陆终的孙子以祖父的字为姓，称为终姓。终姓名人：夏朝官员终古、汉代校尉史终带。

故事

向秀与嵇康

向秀，字子期，是魏晋时期竹林七贤之一。

向秀非常有文才，他在山涛的介绍下，结识了嵇康和阮籍，其中嵇康与他的关系最为要好。

向秀经常到嵇康家，并在他家门前的柳树下，架炉打铁，由嵇康掌钳，向秀鼓风，二人配合默契，打铁的时候旁若无人、自得其乐。

后来，嵇康因为奚落大臣钟会，引来了杀身之祸。

嵇康被杀后，向秀郁郁寡欢，为免杀身之祸，只好到朝廷去做官。在去往洛阳的途中，路过与嵇康共同隐居的竹林，悲从中来，写下了流传千古的《思旧赋》，来纪念自己亡故的好友。

jì jū héng bù　dū gěng mǎn hóng
暨居衡步，都耿满弘。

渊源

【暨】彭祖的后代有被封在暨的，他的后代便以封地暨为姓，形成暨姓。暨姓名人：晋代官员暨逊、北宋状元暨陶。

【居】春秋时期，先轸和先且居父子曾先后担任晋国的中军元帅。其子孙因祖上的业绩而感荣耀，便以他的名字为姓氏，称为居氏。居姓名人：明朝诗人居节、清代画家居仁。

【衡】商汤有贤臣伊尹，封他尊号叫"阿衡"，后来伊尹的后世子孙就以伊尹尊号中的"衡"字为姓，称衡姓。衡姓名人：东汉学者衡咸、明朝大臣衡岳。

【步】春秋时期，晋国有个叫扬的人，被封于步邑。人称步扬。他的后代于是以邑为姓，称为步氏。步姓名人：晋朝术士步熊、三国时吴大将军步骘。

【都】春秋初年，郑国有一个公族大夫公子阏，字子都，是当时闻名全国的美男子。他死后，子孙就以他的字为姓，称为都姓。都姓名人：明朝总兵都胜、明朝学者都穆。

【耿】商朝时有耿国，周朝建立后耿国灭亡，其国人以国名为姓，取耿姓。耿姓名人：西汉历算家耿寿昌、东汉将领耿纯、清朝藩王耿精忠。

【满】春秋时，陈国被楚国灭亡，其国人便取开国元首胡公满的名字为姓，得满姓。满姓名人：三国时魏国太尉满宠、晋朝时期尚书令满奋。

【弘】春秋时期，卫国有个大夫叫弘演，是个被国君器重的能人。弘演的后世子孙，就以其名字中的"弘"字为姓，成为弘姓。弘姓名人：汉朝宦官弘恭、汉代名儒弘成子。

故事

有志者事竟成

耿弇（yǎn）是东汉光武帝刘秀的一员大将。他原来是个读书人，由于经常见到郡官操练兵马，非常威武，因此就弃文从武，投靠了刘秀，替刘秀打了许多胜仗。

公元28年，刘秀派耿弇领兵攻打张步。张步仗着兵多将广，不把耿弇放在眼里，没想到，几天内竟被耿弇攻破了好几座城池。张步虽然吃了败仗，但他见耿弇兵少而且疲劳，又纠集了二十万人马攻打耿弇。

这时，耿弇的部下见敌我兵力悬殊，建议耿弇待援兵来到以后再与张步决战。耿弇说："主上快要到了，我们怎能把没有歼灭的敌人留给主上？"于是出兵大战一天，终于打败了张步。几天以后，刘秀来到耿弇军中，当着许多文官武将的面，把耿弇大大夸奖了一番，并且用赞美的口吻说："这真是有志者事竟成啊！"

百家姓

kuāng guó wén kòu　guǎng lù què dōng
匡国文寇，广禄阙东。

渊源

【匡】春秋时，句须被封在鲁国匡邑，其子孙以邑为氏，为匡氏。匡姓名人：战国时齐国将领匡章、西汉经学家匡衡、清代学者匡源。

【国】春秋时，郑穆公有个儿子公子发，字子国。他的后代以他的字为氏，称国氏。国姓名人：春秋时郑国大夫国侨、清代楚雄镇总兵国柱。

【文】周朝开国皇帝周文王，他的支庶子孙中有以他的谥号"文"为姓氏的，称文氏。文姓名人：东汉末年大将文丑、南宋末年文学家文天祥、明代书画家文征明。

【寇】上古周朝时，昆吾人的后人苏忿生为周武王司寇，其子孙以官名为姓，相传姓寇。寇姓名人：东汉名将寇恂、北宋政治家寇准。

【广】相传广成子是上古仙人，隐居在崆峒山石室中，广成子之后有广成氏，亦有广氏。广姓名人：汉代宰相广明、宋代赣州通判广汉、明代楷书吏广嵩。

【禄】上古商朝的末代王叫纣王，纣王有个儿子叫武庚，字禄父，后来禄父的孙子取禄字为姓，世代相传。禄姓名人：明代文士禄存、清代巾帼英雄禄氏。

【阙】古代有县名叫阙巩，居住在这个县的人家就以阙为姓。阙姓名人：春秋时中侍大夫阙羽三、南宋中侍大夫阙礼、清代著名画家阙岚。

【东】舜帝有七友，其中一个朋友叫东不訾，他的后代就以东为姓。东姓名人：元朝总兵东良会、明朝官御史东郊。

故事

胸有成竹

北宋时候,有一个著名的画家叫文同,他是当时画竹子的高手。

文同为了画好竹子,不管是春夏秋冬,也不管是刮风下雨或是天晴天阴,他都常年不断地在竹林里头钻来钻去。三伏天气,日头像一团火,烤得地面发烫,可是文同照样跑到竹林对着太阳的那一面,站在烤人的阳光底下,全神贯注地观察竹子的变化。

有一回,天空刮起了一阵狂风,接着电闪雷鸣,眼看着一场暴雨就要来临。可就在这时,坐在家里的文同,急急忙忙抓过一顶草帽往头上一扣,径直往山上的竹林里奔去。

文同一心要看风雨当中的竹子,哪里还顾得上雨急路滑!他撩起袍襟,爬上山坡,奔向竹林,气喘吁吁地跑了进去,没顾上抹一下流到脸上的雨水,就两眼一眨不眨地观察起竹子来。只见竹子在风雨的吹打下,弯腰点头,摇来晃去。

由于文同长年累月地对竹子做细致的观察和研究,所以他画起竹子来,根本用不着画草图。

文同画的竹子栩栩如生,受到大家的赞扬。他的朋友晁补之写了一首诗称赞他,其中有两句说:"与可画竹时,胸中有成竹。"从此,"胸有成竹"这一成语,便流传至今。

ōu shū wò lì　yù yuè kuí lóng
欧殳沃利，蔚越夔隆。

渊源

【欧】 春秋时期，越国铸剑名家欧冶子，他的后代以欧为姓。殴姓名人：汉朝孝子欧宝、明代国子博士欧大任。

【殳】 炎帝神农氏的子孙伯陵，第三个儿子名叫殳，是箭靶的发明者，因此，帝尧封他为殳侯，赐他以殳为姓，称殳氏。殳姓名人：明朝孝子殳帮清、清朝才女殳默。

【沃】 殷商的第六世帝王名沃丁，其后世子孙有的就用他的名字"沃"作为自己的姓氏。沃姓名人：明代温县知县沃墅、明代将领沃田。

【利】 商代时，有位王族叫李利贞，他的后代中，有的为了纪念先祖，则取利为姓。利姓名人：西汉时期名相利仓、汉代武将利几、宋朝学者利元吉。

【蔚】 周宣帝时，郑国公子翩被封于蔚邑，世称蔚翩。他的后世子孙就以封邑名为姓，称为蔚姓。蔚姓名人：宋代武将蔚兴、明朝礼部尚书蔚绶。

【越】 夏朝时，少康将庶子无余封在会稽，无余的后人建立了越国。春秋时，越国被楚国所灭，越国的公族子孙有的便以原国名为姓，称越氏。越姓名人：春秋时贤才越石父、明代文学家越其杰。

【夔】 相传尧帝和舜帝时，有个叫夔的乐正，夔的后代就以他的名字为姓，称夔姓。夔姓名人：汉代丞相夔安、明代学者夔信。

【隆】 春秋时，鲁国有个地方叫隆邑，后来居住在这里或封地在这里的人便以地名为姓，称隆姓。隆姓名人：宋代太守隆孙、明代御史隆英。

故事

越石父的骨气

齐国丞相晏子在回国的途中，路过赵国的中牟，远远瞧见一个身穿破衣的人，正从背上卸下一捆柴草，停在路边歇息。走近一看，晏子觉得他的神态、举止都不像个山野之人，于是下车询问："你是谁？是怎么到这儿来的？"那人如实说："我是越石父，三年前被卖到这里，给人家当奴仆。"晏子很吃惊，于是就把他赎了出来。

回国后，晏子对越石父有些怠慢了，于是越石父就请求与晏子绝交。晏子大吃一惊，说："我帮您从困境中解脱出来，为什么要绝交呢？"越石父回答："当时我在囚禁之中，那些人不了解我，我并不怪他们，但你既然能从路边把我赎出来，这就是了解我，了解我却不以礼相待，还不如在囚禁之中呢！"晏子听后，马上赔礼道歉，从此对他敬重有加，渐渐地，两人成了至交好友。

<pre>
shī gǒng shè niè   cháo gōu áo róng
师   巩   厍   聂 ，   晁   勾   敖 融 。
</pre>

渊源

【师】夏商时代，管理乐技一职的官名叫"师"，这些人的后代便以官职名为姓，成为师姓。师姓名人：商朝乐官师涓、东汉书法家师宜官。

【巩】周朝时，有个叫简公的受封于巩邑，称为巩简公，后来王子朝作乱，将他杀害了，他的子孙便以原封邑名"巩"为姓，称巩氏。巩姓名人：宋朝都统巩信、明朝大臣巩永固。

【厍】厍为库的俗字，古代有守库大夫的官职，其后代则有以库或厍为姓的。厍姓名人：汉代大臣厍钧。

【聂】春秋时齐国丁公封其支庶子孙于聂城，为齐国附庸，称聂国，其后世子孙以国名为氏。聂姓名人：南朝梁画家聂松、元代大臣聂辉、清末将领聂士成。

【晁】春秋时，卫国有大夫史晁，他的子孙后代便以晁作为他们的姓氏。晁姓名人：西汉政治家晁错、宋朝大学者晁补之、经学家晁说之。

【勾】相传帝少昊的一个儿子名重，死后被封为木正，掌管天地万物的生老病死，号称勾芒。他的后世子孙以"勾"为姓。勾姓名人：越王勾践、春秋孔子门人勾井疆、宋代画家勾处士。

【敖】太敖的子孙以祖上的名字命名他们的姓氏，于是形成了敖姓。敖姓名人：宋朝学者敖陶孙、明朝数学家敖山。

【融】上古时，祝融为五行神之一的火正，后世尊为火神。他的后人分为祝姓和融姓两支，故史称"祝、融二姓同宗"。

故事

误杀晁错

西汉时期，晁错是当时著名的政治家，他提出了削弱各诸侯割据势力的想法，并指出了吴王企图造反的阴谋。于是汉景帝听从了他的建议，准备取消各诸侯的兵权。

然而，这一举动引起了吴王的恐慌，他一方面串通了各个诸侯国，准备提前叛乱；另一方面又对晁错进行恶毒的攻击，借口说要攻打皇城杀死晁错。

这时，内奸袁盎乘机向汉景帝挑拨离间，谎称只有杀掉晁错才能平息诸侯的叛乱。汉景帝一时冲动，杀了晁错。后来，从前线回来的校尉邓先拜见汉景帝，汉景帝问他："晁错已经死了，吴王罢兵了吗？"邓先气愤地说："吴王的阴谋已经计划了十几年，杀晁错只不过是一个借口而已，他哪里会停止叛乱呢？"汉景帝这才醒悟过来，原来误杀了晁错。

lěng zī xīn kàn　　nā jiǎn ráo kōng
冷訾辛阚，那简饶空。

渊源

【冷】春秋时期，康叔的后代有被封于冷水的，其后世便以地名为氏，称冷氏。冷姓名人：明朝御史冷曦、清代画家冷枚。

【訾】春秋时期，周国有地名为訾的，居住在此地的人就将地名作为姓氏，形成訾姓的一支。訾姓名人：春秋时期晋国大夫訾祐、金代全真教道士訾亘。

【辛】夏王启封庶子于"莘"，建立莘国，其后世子孙以地名为姓，称莘姓。后由于莘与辛音近，改称辛姓。辛姓名人：西周初年史官辛甲、南宋爱国词人辛弃疾。

【阚】春秋时期，齐国有个大夫名止，被封于阚，世称阚止，他的后代以封邑名为姓，形成阚氏。阚姓名人：三国时吴国太傅阚泽、北魏经学家阚骃。

【那】春秋时期，楚武王灭掉权国，把权人迁往"那"，有些人后来就以地名那为姓，称那氏。那氏姓人：明朝时云南土官那鉴。

【简】周朝时期，狐鞠居死后谥为续简子，世称续简伯，他的子孙后代便以其谥号为姓，称简姓。简姓名人：三国时蜀国将军简雍、南汉尚书右丞简文会。

【饶】战国时期，赵悼襄王封长安君于饶，长安君的后代子孙以祖上封邑名为姓，称为饶姓。饶姓名人：宋代高僧饶节、元代诗人饶介、明代学者饶伸。

【空】商朝时期，大臣伊尹生于空桑，于是他的子孙后代有的以空桑作为姓氏，后来改为空姓。

故事

"慈母"辛公义

辛公义,又称辛亚大将军,隋朝人。

公元600年,辛公义被任命大将军,负责保护边境的平安,又任岷州刺史。

当时岷州人民的风俗非常落后,因为畏惧瘟疫,一旦家中有人得病,全家人都要避开,导致病人缺乏治疗,无人照顾,大都病死了。

辛公义为了改变当地民俗,把凡是得病的人,都用车送到衙门,安置在走廊上。辛公义自己也设了一个床铺,日夜守候在那里,并且将自己所得的俸禄全都拿来买药。因为辛公义的干涉,病人大都获得痊愈。事后,辛公义还召见痊愈病人的家属,告诉他们照顾病人的道理,瘟疫也不是经常出现的,病人的亲属都表示惭愧。多年以后,当地的百姓便称呼辛公义为"慈母"。

百家姓

zēng wú shā niè　yǎng jū xū fēng
曾毋沙乜，养鞠须丰。

渊源

【曾】 夏朝时，曲烈建立鄫国，春秋时被莒国所灭，其后代用原国名"鄫"为氏，后去偏旁，表示离开故城，称曾氏。曾姓名人：春秋时孔子弟子曾参、北宋文学家曾巩、晚清重臣曾国藩。

【毋】 尧帝为部落首领时，有一个臣子名叫毋句，此人制造出乐器磬，于是他的后代就以"毋"为姓，称为毋氏。毋姓名人：后蜀才子毋昭裔、宋代教育家毋制机。

【沙】 周朝时，微子的后裔有人被封于沙这个地方，他们以地名为姓，称为沙姓。沙姓名人：北宋勇将沙世坚、清朝大书法家沙神芝。

【乜】 春秋时，卫国大夫被封在乜城，其后代以地名为姓。乜姓名人：明代名士乜仁义。

【养】 春秋时期，吴国公子掩余、烛庸叛吴逃到楚国，楚王把他们封在养邑，这两个公子的后代便以封地名"养"为姓，称养姓。养姓名人：春秋时楚国名将养由基、东汉名儒养奋。

【鞠】 黄帝有个后代叫陶，生下来时手上的掌文很像古文"鞠"字，因此叫鞠陶。鞠陶的子孙就以他的名字为姓，称鞠姓。鞠姓名人：宋代好官鞠嗣复、宋代舞蹈家鞠夫人。

【须】 春秋时期有个须句国，是太昊伏羲氏的后代，国人称为须句氏，后来改称须氏。须姓名人：战国时魏国中大夫须贾、明朝进士须用纶。

【丰】 春秋时，郑国公族后裔公子丰，其后世子孙以他的名为姓，从此有了丰氏。丰姓名人：宋代文学家丰稷、明代书法家丰坊。

> 故事

曾子不食言

曾参是孔子门生中七十二贤之一，也称曾子。他博学多才，德行高尚。

有一次，他的妻子要到集市上办事，年幼的儿子吵着要去。妻子不愿带儿子去，便对他说："你在家好好玩，等妈妈回来，把家里的猪杀了煮肉给你吃。"儿子听了，就不再吵着要去集市了。

这话本是哄儿子的，不料，曾参却真的把家里的一头猪杀了。妻子从集市上回来后，气愤地对丈夫说："我是哄儿子说着玩的，你怎么就真把猪杀了呢？"曾参说："孩子不懂事，还没有辨别能力，接触到的只有父母，所以什么都跟父母学。你现在哄骗他，等于是在教他学会欺骗。再说，你现在欺骗了孩子，孩子以后自然也就不相信你了，你以后还怎么教育孩子呢？"

cháo guān kuǎi xiàng　　zhā hòu jīng hóng

巢关蒯相，查後荆红。

渊源

【巢】大禹时，巢氏的后代建立了巢国。春秋时，巢国被楚国所灭，巢国的公族后代就以原国名为姓，称为巢姓。巢姓名人：唐尧时隐士巢父、隋朝学者巢猗、明代学者巢鸣盛。

【关】夏朝末年，贤臣关龙逢进谏暴君夏桀，结果被处死，其后代便延续以"关"为姓。关姓名人：三国时蜀汉大将关羽、唐朝五代山水画家关仝、元代戏曲家关汉卿。

【蒯】商代时有蒯国，蒯国的人后来有的以国名为姓，称为蒯姓。蒯姓名人：汉代政治家蒯通、清代文献学家蒯光典。

【相】夏朝有个人叫帝相，是夏王仲康之子，他的后代有的以他的名字为姓，称相氏。相姓名人：元代丞相相威、明代诗画家相礼。

【查】春秋时，齐顷公的儿子被封于楂，他的后代以封邑作为姓氏，成为楂姓，后来省去了木字旁，便成查姓。查姓名人：清代书法家查升、现代诗人查良铮。

【後】後姓出自太昊氏。古东夷族太昊的裔孙後照，其后世子孙以後为姓。

【荆】周朝楚国的别称为荆，楚国的后裔中有以荆为姓的。荆姓名人：战国时著名刺客荆轲、五代后梁画家荆浩、宋代名将荆嗣。

【红】春秋时期，楚国有一位公子叫熊挚，字红，故又叫熊红，受封于鄂，称鄂王，他的后代，就以祖上名字为姓，形成一支红姓。红姓名人：明代县丞红尚朱。

品故事

荆轲刺秦王

战国时期，秦国攻打到了燕国的边界。

燕国太子丹非常害怕，便派荆轲假装求和，去刺杀秦王。

公元前227年，荆轲出发了，他在易水的时候唱起了一首歌："风萧萧兮易水寒，壮士一去兮不复还。"唱罢就头也不回地走了。荆轲来到了咸阳，说是带着樊於期的头颅和一张宝图面见秦王，代燕国来求和。秦王非常高兴，把荆轲召进了宫，让他为自己展开宝图。

荆轲把地图慢慢打开，到最后时，露出了一把三寸长的匕首。秦王一见惊跳了起来，荆轲赶忙抓起匕首刺向秦王，结果却只把袖子割断了。

秦王绕着铜柱子乱跑，紧急当中抽出了背上的宝剑，砍到了荆轲的左腿。接着叫侍卫上来，把荆轲杀掉了。

百家姓

yóu zhú quán lù　gě yì huán gōng
游竺权逯，盖益桓公。

渊源

【游】春秋时期，郑国国君郑穆公有个儿子叫偃，字子游，他的孙子游皈以祖父之字为姓，称游姓。游姓名人：春秋时郑国正卿游吉、北宋哲学家游酢。

【竺】上古时有孤竹国，春秋时，其后代以国名为姓，称竹氏。至汉代，有竹晏因避仇人而改为竺姓。竺姓名人：晋代僧人竺法深、南北朝僧人竺道生、明朝文士竺渊。

【权】商高宗武丁有个儿子封在权国，春秋时权国先后被楚国、巴国所灭。权国遗民便以国名"权"为姓，称权氏。权姓名人：汉代辅佐都尉权忠、唐代文学家权德舆。

【逯】春秋战国时，秦国有一个邑名叫逯，后来有一秦国大夫被封于此，其后人就以封邑名为姓，称逯氏。逯姓名人：元代监察御史逯鲁曾、明代孝子逯相。

【盖】春秋时期，王欢受封于盖邑，他的后代以封邑名为氏，称为盖姓。盖姓名人：东汉虎牙将军盖延、唐代儒学家盖文达。

【益】帝舜时帮助大禹治水有功的伯益，其子孙有取他的名字为姓的，称为益姓。益姓名人：元朝名将益智。

【桓】黄帝有一个大臣名为桓常，其子孙便以"桓"字为姓。桓姓名人：春秋时宋国司马桓魋、战国时秦将桓齮、东汉名人桓景。

【公】周朝时，鲁国郡主鲁定公将他哥哥的两个儿子封为公爵，时人称之为公衍、公为，他们的后代就以爵号为姓。公姓名人：春秋时政治家公仲连、明代文学家公鼐。

品 故事

程门立雪

北宋时期，游酢到京城游学，因为仰慕程颐的才学，便与杨时一起到程家拜他为师。程颐对二人一见如故，大加赞赏，非常喜欢这两个学生。

有一天，游酢与杨时一起谒见程颐，程颐正在闭目静坐，虽然当时是寒冬腊月，但他们两人还是决定在门外守候，等老师程颐醒来。不知不觉，大雪已经下了好久，足足有三尺深。程颐睁开眼一看，两个人都变成了雪人一样，顿时非常感动。

从此，游酢和杨时留下了"程门立雪"的佳话。

mò qí sī mǎ　shàng guān ōu yáng
万俟司马，上官欧阳。

渊源

【万俟】 东晋时，鲜卑族万俟部落进入中原，其部落的人称为万俟氏。万俟姓名人：北齐大将军万俟洛、宋代宰相万俟卨。

【司马】 周宣王时，程伯休父，官至"司马"，执掌国家军队，后来他和他的后代以官职名为姓，称司马氏。司马姓名人：西汉史学家司马迁、西汉辞赋家司马相如、晋朝开国君主司马炎。

【上官】 春秋时，楚怀王封他的小儿子兰为上官邑大夫，他的后代子孙以邑名为姓，称上官氏。上官姓名人：唐代诗人上官仪、唐代女官上官婉儿。

【欧阳】 战国时，越王勾践的后代子蹄被封于乌程欧余山的南部，称为欧阳亭侯，后世子孙便以"欧阳"为姓。欧阳姓名人：唐代书法家欧阳询、北宋文学家欧阳修。

故事

藏之名山，传之后人

年轻时的司马迁，遵从父亲遗嘱，立志要写成一部能够"藏之名山，传之后人"的史书。就在他着手写这部史书的第七年，发生了"李陵案"。

西汉大将军李陵在同匈奴一次战争中，因寡不敌众，战败投降。司马迁为李陵辩白，触怒了汉武帝，被捕入狱，遭受了残酷的"宫刑"。

受刑之后，司马迁曾因屈辱打算自杀，可一想到自己写史书的理想尚未完成。于是忍辱奋起，前后历时18年，终于写成《史记》。这部伟大著作共526500字。开创了我国纪传体通史的先河，受到了人们的推崇。

知识

欧阳修

欧阳修（公元1007年—1072年），字永叔，号醉翁、吉州永丰（今江西省吉安市永丰县）人，北宋文学家、史学家，且在政治上负有盛名。因吉州原属庐陵郡，以"庐陵欧阳修"自居。后人将其与韩愈、柳宗元和苏轼合称"千古文章四大家"。与韩愈、柳宗元、苏轼、苏洵、苏辙、王安石、曾巩被世人称为"唐宋散文八大家"。

欧阳修幼年丧父，在寡母抚育下读书。宋仁宗天圣八年（1030年）中进士，初任西京留守推官，后以翰林学士知贡举，拜枢密副使、参知政事、刑部尚书、兵部尚书等，以太子少师退归，赠太子太师。

欧阳修是北宋诗文革新运动的领袖，继承并发展了韩愈的古文理论，主张文以明道，反对"弃百事不关于心"，主张文以致用，是中国古代著名的文化名人。

夏侯诸葛，闻人东方。
xià hóu zhū gě   wén rén dōng fāng

渊源

【夏侯】 杞国灭亡后，鲁悼公封杞简公的弟弟佗为侯爵，称为夏侯氏，其后代子孙因此以夏侯为氏。夏侯姓名人：汉代汝阴侯夏侯婴、三国时魏大将夏侯惇、夏侯渊、夏侯霸。

【诸葛】 葛伯的封国灭亡后，有一支迁徙到"诸"这个地方，因为当地已有葛姓，于是称后迁来的葛姓为诸葛氏。诸葛姓名人：三国时蜀国政治家诸葛亮、吴国大臣诸葛瑾。

【闻人】 春秋时，鲁国有大夫少正卯到处讲学，几次将孔子的学生都吸引过去，被众人称为"闻人"，其后世子孙便以"闻人"为姓。闻人姓名人：汉代学者闻人通汉、元代学者闻人梦吉。

【东方】 远古时伏羲创制了八卦，八卦方位以东方为尊，于是伏羲的后代人中有的形成了东方姓，称东方氏。东方姓名人：唐朝诗人东方虬、唐朝著名学士东方显。

故事

诸葛亮的空城计

三国时期，司马懿率魏兵在街亭打败马谡，直逼诸葛亮所在的西城，此时的诸葛亮没有一兵一卒，只有一些文臣，没有办法迎敌。

但诸葛亮却沉着镇定，让守卫把四个城门全部打开，自己披上鹤氅，戴上高高的纶巾，领着两个小书童，带上一把琴，到城墙上坐下，慢慢地弹起琴来。

司马懿在不远处观察敌情，发现诸葛亮悠闲地弹琴，怀疑城内肯定会有埋伏，犹豫不决，最终引兵退去。

百家姓

赫连皇甫，尉迟公羊。
（hè lián huáng fǔ，yù chí gōng yáng）

渊源

【赫连】 十六国时，南匈奴铁弗部勃勃称大夏天王，自称赫赫连天，他的后代以赫连为氏。赫连姓名人：北周大将军赫连达。

【皇甫】 西周后期，宋戴公有个儿子叫公子充石，字皇父，他的子孙以"皇父"为姓，到西汉时，改为"皇甫"。皇甫姓名人：东汉太尉皇甫嵩、魏晋时医学家皇甫谧。

【尉迟】 南北朝时，鲜卑族中有一支尉迟部落，随孝文帝进入中原，被命以族名尉迟为姓，称尉迟氏。尉迟姓名人：唐初大将尉迟恭、唐初画家尉迟跋质那。

【公羊】 春秋时，鲁国有位才学出众的人物，叫公孙羊孺，他的后代子孙便取"公羊"为姓，称公羊氏。公羊姓名人：战国时学者公羊高。

故事

皇甫谧年二十始勤学

皇甫谧小时候过继给叔父，他的叔母特别疼爱他。而皇甫谧自幼贪玩，无心向学，人们都笑他是傻子。叔母对皇甫谧如此调皮捣蛋非常气愤，流着泪说："你快二十岁了，还是没有一点长进，你要是真心孝顺，就得提高修养，去做学问。"

皇甫谧很受感动，发誓要悔过自新，矢志苦学。从此以后，他刻苦攻读，虚心求教，一天也不懈怠，终于写出了一部《针灸甲乙经》，流传千古。

澹(tán)台(tái) 公(gōng)冶(yě)，宗(zōng)政(zhèng) 濮(pú)阳(yáng)。

渊源

【澹台】春秋时，孔子的弟子子羽，名灭明，南游时住在澹台山，取名澹台灭明。其后代子孙遂以澹台为姓，称澹台氏。澹台姓名人：东汉名士澹台敬伯。

【公冶】春秋时鲁国有季孙氏，其后代季冶，字公冶，官拜大夫，他的子孙便以公冶为氏。公冶姓名人：孔子门生公冶长。

【宗政】汉朝开国皇帝刘邦的后代中，有个叫刘德的，官至宗正，即主持皇家宫室事务的官员，其后代便以"宗正"为氏，后来加文而为宗政氏。宗政姓名人：唐代官员宗政辨。

【濮阳】上古时期，颛顼的后代中有人居住在濮水南岸，后来就取地名为姓，世代姓濮阳。濮阳姓名人：三国时吴国宰相濮阳兴、明朝武将濮阳成。

故事

以貌取人

澹台灭明（字子羽）比孔子小三十九岁。他拜孔子为师的时候，孔子见他长相丑陋，就认为没多大才能。

后来，子游做官时，孔子问："你在那里得到什么人才了吗？"子游说："有位叫澹台灭明的，做事从不投机取巧，这个人后来往南游学到楚国，跟随他学习的有三百多人。他有一套教学管理制度，影响很大，是一个很有影响的学派，他的品德传遍了各个国家。"

孔子听到后感慨地说："我以貌取人，看错了子羽啊！"

百家姓

<ruby>淳<rt>chún</rt></ruby><ruby>于<rt>yú</rt></ruby><ruby>单<rt>chán</rt></ruby><ruby>于<rt>yú</rt></ruby>，<ruby>太<rt>tài</rt></ruby><ruby>叔<rt>shū</rt></ruby><ruby>申<rt>shēn</rt></ruby><ruby>屠<rt>tú</rt></ruby>。

渊源

【淳于】春秋时期，州国公族定居于淳于城，建立淳于国，后人以国名为姓，称淳于氏。淳于姓名人：后汉官员淳于恭。

【单于】汉代时，匈奴王族的首领叫"单于"，后来汉化，便有了单于姓。

【太叔】春秋时，卫国国君卫文公的三儿子，人称太叔仪，他的后世子孙就以太叔为姓，称太叔姓。太叔姓名人：汉代尚书太叔雄。

【申屠】上古舜帝的后代胜屠氏，后因古代"胜"与"申"两字同音，故俗称申屠氏。申屠氏名人：汉代宰相申屠嘉。

故事

物以类聚

春秋战国时，齐宣王招告天下贤士来帮助他治理齐国。有一个叫淳于髡的贤士在一天内给他推荐了七个有才能的人，齐宣王经过问答，果然个个本领高强。

齐宣王觉得非常奇怪，就问淳于髡："我听说人才是很难得到的，你一天之内推荐了七个贤士，是怎么办到的呢？"

淳于髡听后说："鸟是同一类的聚居在一起，天下的生物都是同一类的聚在一起，我淳于髡可算是个贤士吧，所以您叫我推荐贤士，就像是到河里打水、用打火石打火一样容易呢！"后来"物以类聚"就被用来比喻趣味相投的人总是自然而然地聚在一起的意思。

公孙仲孙，轩辕令狐。

(gōng sūn zhòng sūn，xuān yuán líng hú)

渊源

【公孙】 黄帝轩辕一开始名公孙，后改姬，他的后代里，有部分姓公孙，称公孙氏。公孙姓名人：战国时政治家公孙鞅、赵国名家公孙龙、汉末军阀公孙瓒。

【仲孙】 春秋时代，鲁公子庆父，字共仲，他的后世子孙有的姓"仲"，也有的姓"仲孙"。仲孙姓名人：春秋时齐国大夫仲孙湫、鲁国贤大夫仲孙蔑。

【轩辕】 黄帝曾居于轩辕之丘，所以姓轩辕，他的后代子孙便称为轩辕氏。轩辕姓名人：唐代术士轩辕集。

【令狐】 春秋时，晋景公把令狐作为奖赏封给魏颗，他的儿子后来就以父亲封地的地名为姓氏，称为令狐氏。令狐姓名人：唐朝大臣令狐楚、令狐绹。

故事

令狐楚稳米价计

唐朝某年发生了一次旱灾，兖州一带民不聊生，奸商趁火打劫，乱涨米价。新任兖州太守令狐楚心里很不是滋味。他对官员们说："兖州有几个仓库？每个仓里有多少粮食？"

其中一个官员回答："禀告大人，现有大粮仓8个。每个仓存有10万担。"

令狐楚说："过几天把这80万担米拿出来，定个低价卖给灾民。这样灾情就可以缓解了。"

官员们回去之后，就把这个消息告诉了跟他们狼狈为奸的粮商。粮商们顿时慌了手脚："新太守这么做，我们的存粮卖不出，不就吃亏了吗？"由于他们害怕吃亏，便争先恐后地开始低价卖粮。

兖州的米价顿时平稳了下来。粮商们中了令狐楚的稳价计，当地百姓个个拍手称快。

姓名起源

在上古时期，氏是从姓派出来的，从汉代开始，姓和氏混合为一。现代我们的姓，考究其来历、大都分为以下几种：

① 以国名为氏。如齐、晋、郑、卫、陈等。

② 以封地名为氏。如周武王封岔于苏，晋大夫毕万被封于魏等。

③ 以官名为氏。如司城、司徒、司马、司空等。

④ 以职业或技艺名为氏。如巫、卜、祝、史等。

⑤ 以出生地名为氏。如邱、郭等。

zhōng lí　yǔ wén，zhǎng sūn　mù róng

钟离宇文，长孙慕容。

渊源

【钟离】周代时，伯益的后人有封国钟离国，春秋时，钟离国被楚国所灭，国人便以原国名为姓，称钟离氏。钟离姓名人：汉代大将钟离昧、汉代名人钟离意。

【宇文】魏晋时，北方鲜卑族有宇文氏部落，后来宇文氏进据中原，便以宇文为姓。宇文姓名人：北魏时西魏大丞相宇文泰。

【长孙】拓跋珪建立北魏称帝后，赐他的儿子沙英雄为长孙氏。长孙氏名人：隋代大将长孙晟、唐代贤臣长孙无忌。

【慕容】东汉时，鲜卑民族分为中、东、西三部，其中部首领叫柯最阙，居慕容寺，后因以为姓，称慕容氏。慕容氏名人：隋朝大臣慕容三藏、宋初将领慕容延钊。

故事

钟离意为民试药

汉光武帝时期，会稽爆发了一场大瘟疫，几天之内就死了一万多人。面对这种惨景，县令钟离意寝食不安。

钟离意不顾被感染的危险，一家又一家地去慰问病人和家属，并下令用重金招募医生研制新药。几天后，新药研制出来了，就是不敢马上给病人喝，因为其中有几味有毒的草药，不知会不会带来什么副作用。这时钟离意说："这不是很简单吗？让我来试就是了。"说完，不顾大家竭力阻挡，伸手夺过药就喝了下去。他喝过之后，没有中毒的迹象，于是马上就把药分发了下去。很快，瘟疫被控制了。

鲜于闾丘，司徒司空。
_{xiān yú lú qiū，sī tú sī kōng}

渊源

【鲜于】 周武王灭商后，箕子出走辽东，建立了朝鲜国，相传他的子孙中有被封在"于"这个地方的，就合国名与邑名，自称鲜于氏。鲜于姓名人：宋代科学家鲜于天、元代书法家鲜于枢。

【闾丘】 春秋时，在邾国有一个地方叫闾丘，居住在那里的人以地名为姓，称为闾丘氏。闾丘姓名人：唐末五代道士闾丘方远、宋代太守闾丘孝终、宋代名将闾丘观。

【司徒】 尧帝为炎黄部落首领时，舜为尧的司徒官，执掌和管理土地事务，故又名土司，舜的后代子孙有的以其官职名为姓，称司徒氏。司徒姓名人：春秋时期陈国大夫司徒卯。

【司空】 尧为部落首领时，禹官至司空，其后代子孙有的以官职名为姓，称司空氏。司空姓名人：唐朝诗人司空图、司空曙。

故事

司徒映辞官

公元827年，唐文宗即位，他任司徒映为太常卿，清除了三千多宫女，一千二百多吃空饷的官员，政务清明。

可是没过多久，宦官专政，钩心斗角，政府官员奢侈浪费，又开始变得腐败。

司徒映屡次进谏，唐文宗都不予采纳，心灰意冷之下，他毅然决定辞官归乡，再也不在朝廷做不清明的官员了。

司徒映的举动让后人心生敬佩，传为佳话。

qí guān sī kòu zhǎng dū zǐ jū
亓官司寇，仉督子车。

渊源

【亓官】亓官是春秋战国时期的官职名称，专门掌管笄礼，后人为了纪念，产生了亓官氏。亓官姓名人：春秋时期孔子的妻子亓官氏。

【司寇】颛顼帝的后裔苏忿生，曾任周武王司寇，掌握生杀大权，他的子孙后代有的以祖上官职名为姓，称司寇氏。司寇姓名人：春秋时鲁国大夫司寇惠子。

【仉】古代党姓的党（读音 zhǎng 掌），故党姓中衍生出一支掌姓，后掌姓中又衍生出仉姓，称仉氏。仉姓名人：孟子的母亲仉氏、南朝梁四公子之一仉啓。

【督】春秋时期，宋戴公的孙子名督，又称华督，他的子孙中有一支取祖名督字为姓，称督氏。督姓名人：汉代五原太守督瓒。

【子车】春秋时秦国有大夫名子车，其后代有的就以祖名子车为姓，称子车氏。子车姓名人：春秋时秦国贤者子车仲行、子车奄息、子车针虎。

故事

孟母三迁

孟子的母亲姓仉，人称仉氏。

孟子在年少时，家住在坟墓的附近。孟子经常喜欢在坟墓之间嬉游玩耍。见此情景，孟母说："这个地方不适合安顿儿子。"于是就带着孟子搬迁到市场附近居住下来。

可是，孟子又玩闹着学商人买卖的事情，孟母又说："此处也不适合安顿我的儿子。"

后来她又把家搬迁到书院旁边住下来。

自此以后孟子把祭祀仪式及进退朝堂的规矩作为自己的游戏。于是孟母说："这正是适合安顿我儿子的地方。"于是就定居下来了。

知识

2013最新版百家姓

2013年4月，中华伏羲文化研究会华夏姓氏源流研究中心主任袁义达研究员，通过对"全国13.3亿人口的姓氏数据库（2008—2010）"的综合分析，发布了当今中国最新版"百家姓"排行榜。

在新的排行榜上，王姓取代了李姓，成为了中国人数最多的姓。新百家姓排行榜的前十位是："王、李、张、刘、陈、杨、黄、吴、赵、周。"

<pre>
  zhuān sūn duān mù   wū mǎ gōng xī
   颛 孙 端 木 ， 巫 马 公 西 。
</pre>

渊源

【颛孙】 春秋时，颛孙在鲁国做官，其后代子孙以他的业绩为荣耀，于是以祖名颛孙为姓，称颛孙氏。颛孙姓名人：春秋时孔门弟子颛孙师。

【端木】 西周初期，周文王姬昌的老师叫鬻熊，他的次子叫端木，生有儿子典，典以父亲的名为姓，便产生了端木姓。端木姓名人：孔子弟子端木赐、清代名士端木国瑚。

【巫马】 周朝时的一种官名叫巫马，即掌管治疗马匹的官职，这种官职的后人便以巫马为姓，称巫马氏。巫马姓名人：孔子门生之一巫马施。

【公西】 春秋时鲁国公族中，季孙氏的一支后裔改姓公西为氏，称公西姓。公西姓名人：孔门弟子公西赤、公西舆如。

故事

子贡尊师

端木赐，字子贡，是孔子的得意门生之一，他非常尊敬孔子。一次，鲁国有个大夫在人前贬低孔子，抬高子贡，刚好被子贡听到了。他非常气愤，一点也不给他留情面。子贡打了一个比方说："如果说每个人的才能是一所房子，那么老师的房子围墙就有十多丈那么高，屋子里富丽堂皇，一般人是没法翻过围墙看到里面的；而我的房子呢，不过只有肩高的围墙，一眼就可望尽。"大夫听了这一席话，脸上一阵红一阵白，十分惭愧。

漆雕乐正，壤驷公良。
qī diāo yuè zhèng　rǎng sì　gōng liáng

渊源

【漆雕】 漆雕氏是周代吴国的开国国君太伯的后代。漆雕姓名人：孔子弟子漆雕开、漆雕徒父、漆雕哆。

【乐正】 周朝时，有管理乐队的官职叫乐正，司掌音乐声律，其后代以此为荣，就以祖上的官职名为姓，称乐正氏。乐正姓名人：曾子弟子乐正子春、宋代道人乐正子长。

【壤驷】 春秋时期，壤驷是秦国贵族中的一支姓氏。壤驷姓名人：孔子弟子壤驷赤。

【公良】 周朝时，陈国公子名良，人称公子良，其后人就以其爵位与名合称得"公良"为姓氏。公良姓名人：孔子弟子公良孺。

故事

公良孺英勇救师

公良孺是孔子的弟子。孔子周游列国的时候，路过蒲地，遇上蒲人阻止孔子继续前进。

公良孺一直跟随孔子，他身材高大有才德，并且很有勇力，说："我从前跟随老师周游在匡地遇到危险，又在宋国遇到危险，而如今，又在这里遇到你们，看样子这是命里注定的。今天，我要跟你们决一死战！"

于是，公良孺拔剑召集众人，跟蒲人打起来，打得很激烈。蒲人害怕了，对孔子说："如果你不到卫国去，我们就放你走。"

孔子与他们订立了盟约，这才和众人从东门离去。

tuò bá　　jiá gǔ　　　zǎi fù　gǔ liáng

拓跋夹谷，宰父谷梁。

渊源

【**拓跋**】鲜卑族有个部落叫拓跋，是黄帝的后裔，后来经过汉化，产生了拓跋氏。拓跋姓名人：北魏道武帝拓跋珪、明元帝拓跋嗣、太武帝拓跋焘。

【**夹谷**】金国的女真族，有个部落叫加谷，后来改为夹谷，后人以夹谷为姓。夹谷姓名人：金代猛将夹谷谢奴、夹谷胡剌。

【**宰父**】周朝有官名宰父，职责是管理王朝的内外事务，宰父官的后代以官名作为自己的姓氏，称宰父氏。宰父姓名人：孔子弟子宰父黑。

【**谷梁**】古代有个叫古博陵的郡，郡中有个城市叫谷梁城，居住在那里的人以地名为姓，称谷梁氏。谷梁姓名人：子夏的弟子谷梁赤。

知识

《谷梁传》

《谷梁传》是《春秋谷梁传》的简称，是儒家的经典之一。传说孔子的弟子子夏将这部书的内容口头传授给谷梁赤，谷梁赤将它写成书记录下来，便成了《谷梁传》。

《谷梁传》与《左氏传》《公羊传》一起被称为"《春秋》三传"。

jìn chǔ yán fǎ　　rǔ yān tú qīn
晋楚闫法，汝鄢涂钦。

渊源

【晋】周朝时，周武王将儿子叔虞分封到唐地，他的儿子建立了晋国，晋国灭亡后，他的子孙以国名为姓，称为晋姓。晋姓名人：明朝大臣晋爵。

【楚】周成王封孙熊绎于郢城，改国号楚，其后世子孙以国名为氏，称楚姓。楚姓名人：宋朝天文学家楚衍、大将楚昭辅、明初将领楚智。

【闫】据《姓谱》所记，闫姓为阎姓的别支。闫、阎二姓同出一源。闫属天水郡，阎属太原郡。

【法】战国时，齐国被灭，齐襄王法章的后人改姓法，称为法氏。法姓名人：东汉太守法雄、清代书画家法若真。

【汝】周平王将其最小的儿子分封于汝川，人称汝侯，汝侯的后代以封地名为氏，世代姓汝。汝姓名人：春秋时晋国大夫汝宽、后汉宰相汝郁。

【鄢】夏代时，求言的后人被封在鄢，建立鄢国，春秋时，鄢国被郑国灭掉，后世子孙就以国名为姓氏，称为鄢氏。鄢姓名人：明代清官鄢高、明末隐士鄢正畿。

【涂】上古时期，居住在涂水旁的人们，以水为姓，称为涂氏。涂姓名人：宋代经学家涂溍生、大臣涂大经、清末维新派涂启先。

【钦】我国古代的少数民族乌桓族，后有钦命使者来到这里，他们的后代以"钦"为姓。钦姓名人：宋末元初名人钦德载。

故事

阎立本赏画入迷

阎立本是唐代有名的大画家，有一天，他听说人们在荆州发现了一块张僧繇的绘画石刻。阎立本一听，喜形于色，于是他带上笔墨纸砚，踏上了千里行程。

经过两个多月的跋山涉水，阎立本终于到了荆州。他刚住进旅店，就立即请店家领他去看绘画石刻。绘画石刻在一家菜园的角落里，上面已盖上了许多污泥，周围荒草丛生，阴森森的。阎立本粗粗一看，大失所望："唉，我白来一趟了。"可回店之后，他又觉得自己有点太轻率了。于是第二天一早回到原处，擦掉污泥细看一番，才发现果然是幅好画。

第三天，他提来一桶水，把石刻认真冲刷了几遍，再细心端详，更觉得这幅刻画出神入化。他越看越入迷，白天看不够，晚上又打起灯笼继续观赏。就这样，阎立本在石刻前竟一坐就是十几天。

段干百里，东郭南门。
duàn gān bǎi lǐ，dōng guō nán mén

渊源

【段干】 春秋时，道家鼻祖老子的儿子李宗任魏国大将，先后被封"段""干"两地，其子孙便以段干作为姓氏，称段干氏。段干姓名人：春秋时子夏弟子段干木。

【百里】 周朝时，有姓姬的虞国人到了秦国后，被封"百里"作为邑地，他的后代就以封地名为姓，称百里氏。百里姓名人：春秋时秦国大夫百里奚、汉代刺史百里嵩。

【东郭】 春秋时，齐桓公有子孙住在都城临淄外城的东门一带，称为东郭大夫，他的后代就以居住地名为姓，称东郭氏。东郭姓名人：春秋时齐国大臣东郭牙、东汉时道术家东郭延年。

【南门】 上古时期，商朝君王有位大臣叫南门，之前是守卫南门的官员，其后代便以其名"南门"为氏。

故事

五张羊皮换相国

虞国灭亡后，百里奚不愿当陪嫁的臣仆，在去秦国的路上逃跑了。他逃到了楚国，被抓了起来做马夫。后来，公孙枝向秦穆公推荐百里奚这个人，但却找不到他，只好四处打听，最后才知道百里奚在楚国喂马。

于是，秦穆公就派使臣拿着五张羊皮到楚国，要求换回一个逃亡的仆人百里奚。楚王心想，为了一个养马的而得罪强国不值，就把百里奚交给了秦国。

回国后，秦穆公跟他坐在一起，谈论国家大事。百里奚推辞说："我是亡国之臣，不值得您来询问。"秦穆公说："虞国国君不任用您，所以亡国了。这不是您的罪过。"两人一直谈了三天，秦穆公非常高兴，委任其为上大夫，把国家政事交给了他，因为百里奚是仅用了五张羊皮买回来的，所以他被称为"五羖（gǔ）大夫"。

知识

什么是"家谱"

家谱，又称族谱、祖谱、宗谱等，是记载某个姓氏家族子孙后代的传承之书，具有区分家庭成员血缘关系亲疏远近的作用，是姓氏文化的重要组成部分。

家谱不仅记录着该家族的来源，迁徙的轨迹，还包罗了该家族生息、繁衍、婚姻、文化、族规、家约等历史的文化进程。

所以说，家谱是中国特有的文化遗产，是民间智慧的产物。

三纲五常

三纲即"君臣义""父子亲""夫妇顺"，五常指"仁、义、礼、智、信"。这是中国儒家伦理文化的基本架构。"三纲五常"之说源于西汉董仲舒的《春秋繁露》一书，但最早的渊源在于孔子。

<pre>
hū yán guī hǎi   yáng shé wēi shēng
</pre>
呼延归海，羊舌微生。

渊源

【呼延】古代匈奴族有一个部落"呼衍部落"，称呼衍氏，东晋时，呼衍部落进入中原，汉化为呼延氏。呼延姓名人：宋代大将呼延赞、呼延通。

【归】相传，黄帝曾在归藏国当部落首领，他的后代则称为归藏氏，后来演变成单姓"归氏""藏氏"。归姓名人：唐代兵部尚书归崇敬、明代文学家归有光、清代文学家归庄。

【海】黄帝的后代禺阳、禺强被封为海神。其后代子孙中，有以先祖的海神封号为姓氏的，称为海氏。海姓名人：唐代学者海鹏、明代大臣海瑞。

【羊舌】春秋时，晋献公封突在羊舌邑，其后代便以邑名羊舌为姓，称羊舌氏。羊舌姓名人：春秋时晋国中军尉羊舌赤。

【微生】春秋时期，鲁国公族里有微生氏，来自贵族，其后世子孙引以为荣，改姓为微生氏。微生姓名人：孔子弟子微生高。

故事

海瑞买棺进谏

明嘉靖皇帝宠信奸相严嵩，任由他残害忠良，鱼肉百姓。海瑞见朝廷一天一天衰败，百姓生活困苦，不由得忧心如焚。他觉得自己虽然官卑职小，却有拯救百姓的责任，于是连夜赶写了《直言天下第一事疏》呈交朝廷。

上疏之后，海瑞深知嘉靖皇帝昏庸，难免会招来杀身之祸。回到家中,海瑞立即派人为自己买了一口棺材,等锦衣卫前来捉拿自己。有人劝他还是赶快逃命吧,海瑞坦然笑说:"自古以来忠臣就没有怕死的,我如果要避祸,就不会上疏了。"

嘉靖皇帝看后果然暴跳如雷,逮捕海瑞,严刑拷打,几乎被处死。直到明穆宗即位,大赦天下,海瑞才死里逃生,官复原职。从此,海瑞为民请命的声名便天下皆知了。

仲由拜师

仲由,字子路,春秋时鲁国人,以擅长"政事"著称,是孔子的学生,但仲由拜师并非一帆风顺。

有一天,仲由到集市上去卖柴,碰到了孔子,他立即诚恳地请求孔子收他为徒。但孔子为了考察他,暂时没有答应。这一年,仲由的家乡闹起了旱灾,他的父母饿得面黄肌瘦。仲由便跑到十几里之外的亲戚家借了一袋米,连夜赶回家熬粥给亲母喝,他的父母因此才没有饿死。仲由"负米养亲"的事被孔子知道了,他对仲由的孝行大加赞赏,第二天就收仲由为徒。

岳帅缑亢，况后有琴。

渊源

【岳】上古时，有一种官名叫"四岳"，专管祭祀三山五岳，其后世子孙以官名为氏，称岳姓。岳姓名人：宋代民族英雄岳飞。

【帅】上古时代，掌管音乐的官员叫"师"，所以有了师氏，春秋时，师昺为了避晋景公的名讳，就将自己的姓改少一横，变成了帅氏，从此有了帅姓。帅姓名人：清代画家帅念祖。

【缑】西周时，有卿士大夫因功受封于缑邑，他的子孙就用"缑"作为自己的姓氏，称缑氏。缑姓名人：明代将军缑谦。

【亢】亢父原是一个军事要地的名称，春秋时，有个贵族受封在亢父，其后世以"亢"为姓。亢姓名人：诸子百家之一亢仓子。

【况】周朝初年，舜的后人被封于"况"，他的后代便以封地名作为姓氏，称为况氏。况姓名人：明代著名清官司况钟、明代考古学家况叔祺。

【后】春秋时，鲁孝公八世孙成叔受封于郈（hòu）邑，其後人以后为姓。

【有】上古时，有巢氏被拥为部落首领，他的后代有的就化为"有氏"，有的化为"巢氏"。有姓名人：春秋时孔子门生有若、汉代名臣有禄。

【琴】上古时，舜帝创造了弦琴，制造琴的叫琴师，他们的后代就以"琴"为姓。琴姓名人：孔子的学生琴牢、明代有名的好官琴彭。

品 故事

精忠岳飞

岳飞参军后，因战功累累不断升职。后来，宋高宗亲手写了"精忠岳飞"四个字，制成锦旗后赐给他。又召他到寝阁，对他说："中兴的大事，全部都委托给你了。"

金人攻打拱州、亳州，守将刘锜向朝廷告急，宋高宗命令岳飞火速增援，并在赐给岳飞的亲笔信中说："一切事情，都由你来决定，我不操控。"岳飞于是调兵遣将，分路出兵，自己率领轻装骑兵驻扎在郾城，抵抗住了金人的进攻。

但是，后来宋高宗和秦桧决定与金议和，向金称臣纳贡。就在岳飞准备渡过黄河收复失地的时候，宋高宗和秦桧却连发十二道金字牌，命令岳飞退兵。后岳飞被以"莫须有"的罪名毒死于临安风波亭，时年仅三十九岁。

梁丘左丘，东门西门。
（liáng qiū zuǒ qiū，dōng mén xī mén）

渊源

【梁丘】 春秋时期，齐国有一个大夫被封在梁丘，他的子孙们就以封地名梁丘为姓，称梁丘氏。梁丘姓名人：春秋时齐国大夫梁丘据、西汉大臣梁丘贺。

【左丘】 春秋时有鲁国文人，名为"明"，居于"左丘"，他以此地名为其姓氏，其后人以左丘为姓。左丘姓名人：春秋时鲁国史学家左丘明。

【东门】 春秋时，鲁庄公的儿子遂，字襄仲，因其家住曲阜城东门，人称之东门襄仲，其后代有的以"东门"为姓。东门姓名人：汉代经学家东门京、东门云。

【西门】 春秋时，郑国有个大夫居住在郑国都城的西门，他的后代子孙就以西门为姓，称西门氏。西门姓名人：战国时魏国名士西门豹。

故事

左丘明巧荐

左丘明是《左传》的作者，鲁定公时任太史一职。

一次，鲁定公想任命孔子为司徒，打算找三桓进行商议，事先征求左丘明的意见。

左丘明说："从前，周朝有个人很喜欢毛皮大衣。他想做件价值千金的皮大衣，于是就去和狐狸商量，向狐狸索要皮毛，话还没说完，狐狸便躲了起来。因此，十年过去了，这人一件皮大衣也没做成。"

鲁定公百思不得其解地问道:"这是什么意思呢?"左丘明回答:"孔子是圣人,圣人一当政,贪官污吏就会自身难保,你打算任命孔子为司徒,却找三桓来商量,这同与狐狸商量做皮大衣不是一个道理吗?"

知识

容易读错的姓氏

(1)"黑"姓。不读黑白的 hēi,应读 hè。

(2)"区"姓。不读区别的 qū,应读 ōu。

(3)"种"姓。不读种地的 zhòng,应读 chóng。

(4)"华"姓。不读中华的 huá,应读 huà。

(5)"仇"姓。不读仇恨的 chóu,应读 qiú。

(6)"朴"姓。不读朴素的 pǔ,应读 piáo。

(7)"纪"姓。不读纪念的 jì,应读 jǐ。

(8)"燕"姓。不读燕子的 yàn,应该 yān。

shāng móu shé nài　bó shǎng nán gōng
商牟佘佴，伯赏南宫。

渊源

【商】商朝被周所灭后，王孙贵族开始以国名为姓氏，称为商氏。商姓名人：周代数学家商高、春秋时孔子弟子商泽、清初诗人商景兰。

【牟】牟国为周时子国，春秋末国灭，后代则以国名为姓，称牟氏。牟姓名人：唐代诗人牟融、宋代画家牟仲甫、清代数学家牟庭。

【佘】春秋时期，齐国有的公族被封在佘丘，他们的后代则以佘为姓。佘姓名人：唐代太学博士佘钦、北宋名将杨继业之妻佘金花。

【佴】相传，因为有人为皇帝负责设计和制作皇冠，有饰物于耳旁，于是赐姓"佴"。佴姓名人：汉代光武帝左相佴茂。

【伯】黄帝的后裔伯益，他的后人有的以祖名"伯"字为姓，称伯氏。伯姓名人：春秋时吴国太宰伯嚭、晋国大夫伯宗。

【赏】春秋时，晋国有大夫参赛得胜而获赏，其后代为纪念此荣耀就以"赏"字为姓，称为赏氏。赏姓名人：南朝时江东幕僚赏庆。

【南宫】南宫括是周文王父子兴周灭纣时的一位贤臣，其后代以南宫为姓氏，称南宫氏。南宫姓名人：春秋时孔子弟子南宫适、春秋时期宋国将领南宫长万。

mò hǎ qiáo dá　　nián ài yáng tóng

墨哈谯笪，年爱阳佟。

渊源

【墨】上古时，大禹拜墨如为师治水，封墨如的儿子初为孤竹国的国君，初就以父名为姓，人称墨胎初，世代相传姓墨。墨姓名人：战国时思想家墨翟、明代名人墨麟。

【哈】起源不详，我国少数民族回族中有哈氏，古代女真族也有哈氏。哈姓名人：清代大臣哈元生。

【谯】周朝初年，盛被封于谯，建立了谯国，并自号为谯侯，其子孙就以国名为姓，称为谯氏。谯姓名人：三国时蜀国名士谯周、宋代学者谯定、明代学者谯谟。

【笪】古时，笪氏族人居住在建州一带，为笪姓起源。笪姓名人：宋代进士笪琛、清代诗人笪重光。

【年】源于姜姓，春秋时期齐桓公为了辟邪，取祖父名字中的一个字作为姓氏，称为年氏。年氏名人：清朝武将年羹尧。

【爱】唐朝时西域有以游牧生活为主的回鹘国，成为唐朝附庸国，唐武宗赐以爱氏。爱姓名人：金代将领爱申、清代将领爱隆阿、爱必达。

【阳】周代有附庸方国、阳国，东周惠王时，阳国被齐国灭掉，其子孙就以原国名为姓，称为阳姓。阳姓名人：春秋时名士阳处父、北魏著作家阳尼。

【佟】夏朝太史终古有贤德，商汤王召其入商朝，终古归商后，其子孙去丝为冬姓，后又加人旁为佟姓。佟姓名人：明代大将佟养性、清代大臣佟国维。

故事

墨子择徒

耕柱是春秋战国时期一代宗师墨子的得意门生，不过，他老是受墨子的责骂。有一次，墨子又责备了耕柱，耕柱觉得自己非常委屈，因为在许多门生之中，自己是被公认的最优秀的一个，但又偏偏常遭到墨子指责，让他感觉很没面子。

一天，耕柱愤愤不平地问墨子："老师，难道在这么多学生当中，我竟是如此的差劲，以至于要时常遭您老人家责骂吗？"

墨子听后反问道："假设我现在要上太行山，依你看，我应该要用良马来拉车，还是用老牛来拖车？"

耕柱回答说："再笨的人也知道要用良马来拉车。"

墨子又问："那么，为什么不用老牛呢？"

耕柱回答说："理由非常简单，因为良马足以担负重任，值得驱遣。"

墨子说："你答得一点也没有错，我之所以时常责骂你，也只因为你能够担负重任，值得我一再地教育与引导你。"

第五言福，百家姓终。

渊源

【第五】刘邦建立汉朝后，把原来的残余势力分为八个姓氏，分别为"第一"至"第八"，其中"第五"姓氏普遍流传。第五姓名人：东汉名臣第五伦、东汉学者第五元先。

【言】春秋时期，孔子的得意弟子之一言偃，字子游，声名很大，他的后代就以其名字中的言字为姓，称为言氏。言姓名人：孔子门生言偃、明代进士言茅。

【福】春秋时齐国大夫名为福子丹，他的后代就以他名字中的"福"字为姓，称为福氏。福姓名人：元代高僧福裕、大夫福寿。

故事

有趣的"第五"姓

据传荆轲刺秦王时，随行有五位勇士。荆轲刺秦失败后，五位勇士逃跑，为了躲避秦人的追杀，他们隐去了自己的名字，分别改姓为"第一""第二""第三""第四""第五"。另一则关于"第五"姓的来源则是汉高祖刘邦建立汉朝后，曾经把战国时齐国的后裔迁徙到现在的湖北房县一带定居。在迁徙齐国田姓贵族时，因为田姓人氏众多，所以刘邦便下令把田姓改掉，以数字区别，分为"第一""第二"一直到"第八"。现在国内并不多见的"第五"姓就是这么来的。

天下第一家

明朝有一位著名的人物叫郑濂,他家里是七代同堂。明太祖朱元璋听说他们家七代同堂,一千多口人却从来不吵架,就非常想不通。于是,他把郑濂召来,问:"你的家人和睦相处,有什么秘诀吗?"郑濂回答:"其实也没有什么,就是不听闲话,不传闲话,言语不合就忍一忍。"朱元璋一听,说:"很好很好,来,领赏。"于是,派左右拿来两个梨,赏给了郑濂。

郑濂回到家里,举着两个梨说:"今天皇上赏了我们家两个梨。"然后把赏梨的来龙去脉说清楚了。说完,他又叫人搬来一口大缸,打来一缸水,把梨捣碎了泡在缸里,一千多口人每人喝了一碗梨汤。

朱元璋派去的校尉看到这一幕后,就回去禀告给了朱元璋。朱元璋听了,说:"佩服佩服,这个家长绝对没有私心。"他一高兴,就封这一家为"天下第一家"。